开国皇帝有话对你说系列

姜若木◎编著

承太祖开国绪业，启清代一统宏图。
知中原王朝治国之道，开大清王朝强国之路。
从盖世雄才第一帝身上学习现代生存必修技能。

隆扬天下

皇太极

有话对你说

中国书籍出版社
China Book Press

图书在版编目（CIP）数据

鹰扬天下：皇太极有话对你说 / 姜若木 编著. —北京：中国书籍出版社，
2013.4（2021.6重印）

ISBN 978-7-5068-3422-3

Ⅰ.①鹰… Ⅱ.①姜… Ⅲ.①皇太极（1592~1643）—人物研究 Ⅳ.①K827=49

中国版本图书馆CIP数据核字（2013）第065348号

鹰扬天下：皇太极有话对你说

姜若木　编著

责任编辑	钱　浩
责任印制	孙马飞　马　芝
封面设计	高　杨
出版发行	中国书籍出版社
地　　址	北京市丰台区三路居路97号（邮编：100073）
电　　话	（010）52257143（总编室）　　　（010）52257153（发行部）
电子邮箱	chinabp@vip.sina.com
经　　销	全国新华书店
印　　刷	北京洲际印刷有限责任公司
开　　本	710毫米×1000毫米　1/16
印　　张	16.25
字　　数	200千字
版　　次	2013年6月第1版　　2021年6月第2次印刷
书　　号	ISBN 978-7-5068-3422-3
定　　价	49.80元

前 言

明朝末年，政治腐败，人民生活困苦不堪，农民起义不断，但是最终结束混乱局面的，却不是中原起义首领，而是一支来自白山黑水的劲旅，这就是创建了大清的满族。

在努尔哈赤开始了统一女真的步伐之后，后来大清朝的开国皇帝皇太极出生了，在此之后，他逐渐走向了历史的舞台。

努尔哈赤统一女真部落，建立了后金政权，为皇太极的发展奠定了初期的基础。皇太极在努尔哈赤统一女真的战争中，贡献了自己的力量，并凭借着自己的勇猛和计谋，得到了努尔哈赤的赏识，在统一女真各部落的基础上，皇太极帮助他父亲努尔哈赤建立了新的国家——后金。

公元1618年，努尔哈赤最终发动了对明朝的战争。在后金的主要战争活动中，皇太极献智献勇，发挥了重要的作用。皇太极在历次战争中身先士卒、勇猛冲杀，并且足智多谋、屡有奇计，立下了汗马功劳。

在努尔哈赤死后，皇太极通过自己的谋略手段，获得了后金政权的汗位，并在这个位置上大展宏图，改国号为"大清"，正式建立了和明朝对立的政权。

他东征朝鲜，使得朝鲜归附；大军北进，征抚索伦；三次西出，征讨蒙古；最重要的是五次南下，和大明朝争锋。皇太极一生南征北战、开拓四方，被人们誉为"鹰扬天下"。

前
言

他不仅在"武功"方面有着极高的造诣，在"文治"上也取得了辉煌的成就，他积极学习汉族先进文化，又不忘保持满族优良传统；他调整满汉关系，族名满洲，国号大清；他完善了统治体制，加强皇权，最终"南面独坐"，成为一代帝王。

皇太极的一生，是奋斗的一生，他通过自己的努力，为大清朝近300年的基业奠定了基础，皇太极一生中最大的成就就是由后金汗到大清帝。作为大清皇帝第一人，登上皇位标志着他个人权势的升华，同时也是后金国创建以来的飞跃，更是满族社会进步的一个标志。

皇太极的身影已经在历史的洪流中消失，可是皇太极的声音还在历史的高墙内回响。倾听皇太极成功的故事，借鉴皇太极成功的经验，对于我们今人的发展有着很重要的意义。本书对皇太极一生发展中的重要时刻作了回顾，并对其中蕴含的人生成功经验加以简要的解析，希望读者能够通过本书，了解皇太极的成功之道，并加以借鉴吸收，以成就我们自身的成功之路。

目 录

成功是每个人的理想，正所谓条条大路通罗马，奔向成功的道路不止一条，而且每个人的成功之路都是不可复制的，所以我们不能简单地去模仿别人的成功之路。虽然成功之路不能模仿，但是却可以借鉴。纵观古今中外，成功者的成功之路，都有相同之处，我们借鉴其中的精髓，就能够帮助我们找到成功的捷径。

第一章

皇太极对你说成功

目 录

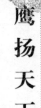

鹰扬天下

皇太极有话对你说

第二章

—— 皇太极对你说机遇

古语有云："取天下与守天下，无机不能。"可见机遇的重要性。机遇是我们一生中绝佳的时机和契机，凭借着机遇，就能够改变我们的现状，改变我们的命运。既然机遇如此重要，那么，我们应该如何面对呢？观古鉴今，皇太极在面对机遇时做出的应对，给了我们许多启示。

第三章

—— 皇太极对你说管理

人类作为一种具有社会属性的群体，在日常生存和发展中，离不开相互之间的集体协作。在这种合作的过程中，管理的作用至关重要。管理作为协调人与人之间合作关系的有效手段，被管理者所重视。自古至今，成就事业的领袖，往往有着极强的管理能力，管理之道也日渐受到人们的重视。观古鉴今，皇太极的管理之道也会给我们很大的启示。

皇太极是一位求贤若渴，善于惠政揽人、敢于大胆用人、能够充分信任和器重人才的卓越领导者。在他统治清朝的17年里，充分认识人才的重要作用，积极采取有效措施，广揽满、汉、蒙古各族人才（尤其是汉族知识分子），并委以重任，给他们提供施展才华的政治舞台，从而为清兵入关夺取全国政权奠定了坚实的人才基础。

领导是一个团队的核心和灵魂，各种领导角色都有一个共同的特性，就是领导者必须以特定的方式激励或影响他人，以达到团队发展前进的目的。领导者的角色实际上就是要释放团队成员的精神热情以促成其主动性、创造性和创业精神，从而实现团队的发展壮大。总结起来，领导者最重要的实力，就是领导力。在皇太极身上，就洋溢着这样一种领袖气质，现代的领导者，培养自己的领导力是至关重要的。

鹰扬天下

皇太极有话对你说

第六章

······

皇太极对你说谋略

起源于军事和政治斗争的谋略之术，在我们人生的发展过程中具有重要意义。对于一个国家来说，谋略能够安定天下；对于一场战争来说，谋略能够决定胜利；对于商人和企业家来说，谋略能够影响到商海浮沉、竞争成败；对于个人来说，谋略能够改变人生的方向，决定成就的大小。很好地运用谋略可以帮助我们克服困难，更有效地解决问题，推动人类文明的进步，改变历史的进程，以最小的代价争取更大的收益。

第七章

······

皇太极对你说纪律

"国有国法，家有家规。"一个人，一个团队，一个国家都要靠纪律的约束来实现有秩序的发展。孟子曾说："不以规矩，不成方圆。"一个团体，无论其规模大小，都需要纪律的约束。没有法律的约束，国将不国，天下大乱。没有纪律的约束，一个团队的成员将各行其是、没有秩序、没有工作绩效，更不能树立严谨的团队形象。

第一章

皇太极对你说 成功

　　成功是每个人的理想，正所谓条条大路通罗马，奔向成功的道路不止一条，而且每个人的成功之路都是不可复制的，所以我们不能简单地去模仿别人的成功之路。虽然成功之路不能模仿，但是却可以借鉴。纵观古今中外，成功者的成功之路，都有相同之处，我们借鉴其中的精髓，就能够帮助我们找到成功的捷径。

要正确认识自己

　　每个人都要用尽自己一生的时间来认识自己，越能尽早认识自己，就能够越早的找到自己走向成功的捷径。古今成功之人，多数都是自我认识程度较高的人，他们能够认识到自己的志趣所在，能够认识到自己的使命所在，也就更能够勇敢地担当自己的责任，进而走向自己的成功，让我们从皇太极的出生地说起，了解一下皇太极所处的历史时代。

　　长白山高大巍峨，风采多姿，雄伟壮观，堪称东北第一名山，在历史上曾是深为人们敬仰的神山。长白山高2691米，绵延千余里，其主峰高耸于我国吉林省与朝鲜民主主义人民共和国接壤的边境上。山顶不长花草树木，冬天白雪皑皑，夏天云雾缭绕，呈现出一望无际的白色，所以称作长白山，简称白山。长白山是一个火山，山上有一个湖，那是喷火口留下的，由于积水而成，名为龙潭，也就是众所周知的天池。天池四面群山环绕，如同镶嵌在半空中的晶莹的碧玉，只有东北面有一缺口，称为阀门，池水就是经过这里流到外面去的，在1250米处，形成68米高的长白瀑布。大自然的这一巧夺天工，使长白山更加动人。

　　长白山是松花江、图们江、鸭绿江这三大江的发源地。松花江由山北泻出，向北流，与黑龙江汇合，直入北海。图们江由山东北泻出，向东流，转入东海。鸭绿江由山东南泻出，向西流，注入辽东的南海。长白山天池东北60里外有一个布库里山，山下有一个名叫布勒瑚里的池，池水清澈碧绿，微波荡漾，与山交相呼应，如诗如画。

传说在很久很久以前，有三位仙女从天而降。大的叫恩古伦，其次的叫正古伦，最小的叫佛库伦。姐妹三人到布库里山下的布勒瑚里池洗澡。在高兴地嬉戏之后，刚要上岸，一只神鹊从远处飞来，将嘴里衔着的一颗朱果放到了佛库伦的衣服上。三位仙女登岸后，佛库伦发现红彤彤、亮晶晶的朱果，既新鲜，又美丽，便拿起来，爱不释手，不知道要放在哪里才好，犹豫了一会儿，最后决定把它含在嘴里。在忙着穿衣服时，佛库伦一不小心把朱果咽进肚子里，因此怀了孕。当她的两个姐姐穿好衣服，慢慢飘起时，她却无法飞上天了。望着两个姐姐，她焦急地说："我感到肚子沉重，不能同你们一起走了。该怎么办呢？"两个姐姐安慰她说："我们是吃过灵丹妙药的，相信不会有危险，你这是天授妊娠，等你生产以后，身子轻了再飞回来也不晚。"说完，她俩便消失在天际。之后不久，佛库伦生了一个男孩。奇怪的是，这孩子生下来就会说话。没过多少时日，他已经长大成人了。佛库伦对儿子说："你是奉天之命生在人间的，天要生你，就是命令你去平定乱国，你可以到那里去。"她还把自己从天而降，神鹊衔朱果及吞吃后怀孕生子等来龙去脉，全部对儿子说了。然后给儿子一只小船，让他顺流而下。儿子走后，佛库伦便凌空而起，一瞬间便不见了踪影。

佛库伦消失后，这个孩子按照母亲指示的方向，乘着小船，来到了有人烟的地方。他上了岸，用柳条当椅子，端端正正独坐在上面。当时，在长白山东南鄂谟辉一带，有一个鄂多理城，住有三大姓氏家族。他们互相争斗，终日杀伤。这天，恰好有一个人到河边取水，看见这个不一般的人物，相貌奇特，举止非凡。他回到争斗的地方对大家说："你们不要争下去了，我在取水的地方遇到一位奇人，看样子是有来历

的，你们为什么不去见一见呢？"三姓的人听他一说，感到很好奇。于是停止了争斗，都去看这个人。看后，三大姓氏家族的人都觉得这是个非凡的人，惊讶地问他从何而来。他回答说："我是天女佛库伦所生，姓爱新（汉语金的意思）觉罗（姓的意思），名叫布库里雍顺，我天生就是来平定你们的大乱的。"他把母亲教他的那些话说了一遍。大家对他十分敬佩，说："这样的人，不能让他走。"说着，几个人互相交叉握手，摆成轿状，抬着他回去了。从此，三大姓氏家族的人结束了争端，共同推举布库里雍顺为首领，给他娶了百里的女子为妻，满洲国由此形成，布库里雍顺就是满洲国的始祖。

把原在黑龙江地区女真人中流行的神话，作为发源于长白山一带的真实历史，那是随着清太宗的祖先由北而南逐渐迁徙的结果。在清代官方文献记载的神话中出现的三姓，应当是来源于黑龙江的三姓（今依兰县），鄂多理即翰朵怜，也是黑龙江地区较早出现的女真部落，清太宗的祖先就属于这个部落。清太宗祖先南迁以后，按照故乡的名称，给山水起名，如白山东北的布库里山、布勒瑚里池（园池）。鄂谟辉，指的是朝鲜境内的阿木河，也就是会宁地方。现在如果我们站到布勒瑚里池的东南方，仍然看得到一条几乎干涸了的河道，人们称它为弱流河。这条河可以通向图们江，甚至能够到达朝鲜会宁。清太宗的祖先确实曾经到过会宁。这样看来，长白山东北的地理条件，不但具备仙女洗澡的天池，而且有布库里雍顺乘舟远航的河流和请他光临的三姓居民。而佛库伦吞食的朱果，就是长白山的特产。一个关于满族起源的神话就这样流传起来了。这些神话故事为清太宗的祖先戴上了一层神圣的光环，大大加强了清太宗本身的权威性。

满族最初叫女真族。自金政权灭亡后，女真人一直处于互不统属的状态中。到了明朝万历年间，满族出现了一位了不起的民族英雄，他就是爱新觉罗家族的努尔哈赤。他竟在三十来年的时间里，力挫群雄，完成了几百年未曾有人能完成的统一女真各部的伟大事业。

明初，女真人主要分为建州、海西、"野人"三大部。14世纪中期，建州女真从牡丹江流域迁徙到浑河上游、苏子河沿岸，包括辽宁东北部和吉林南部的广大地区定居下来。明朝在建州女真设三卫，即：建州卫、建州左卫、建州右卫。明万历初年是女真人历史上极为动荡的时期。由于内部纷争，以及明王朝在女真地方极力推行民族歧视和民族压迫政策，女真各部进一步分裂，形成了割据自立的若干部落。建州女真包括：苏克素浒河部、浑河部、董鄂部、哲陈部、完颜部的建州五部，和鸭绿江部、朱舍里部、纳殷部的长白山三部；海西女真则分为哈达部、叶赫部、乌拉部和辉发部四部；"野人"女真分为窝集、瓦尔喀和虎尔哈三部。当时，女真"各部蜂起，皆称王争长，互相战杀。甚至骨肉相残，强凌弱，众暴寡"，一片混战。

明朝统治者由于害怕女真"兵满万人，则不可敌"，而对其实行以夷制夷、"犬牙相制"的政策，千方百计阻碍女真各部的统一。明万历十一年（1583年）二月，明辽东总兵李成梁在苏克素浒河部图伦城主尼堪外兰的引导下，出兵镇压建州右卫的古埒城主阿台，围攻其驻地古勒寨。此时，努尔哈赤的祖父觉昌安任建州左卫都指挥，父亲塔克世为建州左卫指挥。阿台之妻是觉昌安的孙女。觉昌安见古勒寨被围日久，难免会遭到明兵的杀劫，想救出孙女免遭兵火，又想去劝说阿台投降，就同儿子塔克世一起到了古勒寨。塔克世留在外面等候，觉昌安独身进入寨里。因在外面等得太久，塔克世也进寨打探。由于明军攻城越来越急，觉昌安父子都被围在寨内。阿台被部下杀死，合寨降顺。李成梁遂

"诱城内人出，不分男妇老幼，尽屠之"！努尔哈赤的祖父和父亲在混乱中也被明军误杀。

父祖蒙难的噩耗传来，努尔哈赤悲痛欲绝，并去责问明朝官吏："祖、父无罪，何故杀之？"明朝官员告诉他："汝祖、父实误杀。"明政府于是给努尔哈赤敕书三十道，马三十匹作为补偿，还命他承袭父职，任建州左卫指挥。此时努尔哈赤虽对明朝极为恼怒，但还无力与明朝对抗，便将杀死父祖的愤怒，全部倾泻到尼堪外兰身上。同年五月，努尔哈赤借报父祖之仇为名，以父祖"遗甲十三副"，率兵百人，向尼堪外兰的驻地图伦城发动进攻。尼堪外兰弃城逃走。

努尔哈赤由"遗甲十三副"起兵，发展到"自东海至辽边，北自蒙古、嫩江，南至朝鲜、鸭绿江，同一语言俱征服"，使"诸部始合为一"。他前后共花费了三十多年的时间，才使得建州女真的全部和海西、"野人"女真的大部分得到统一，基本上结束了女真社会的长期分裂、割据的局面，推动了女真社会的发展和满族共同体的形成。

努尔哈赤统一女真各部后，疆域扩大，人口增多，这对拥有一套比较完整的管理制度提出了迫切要求。万历四十三年（1615年）十一月，努尔哈赤根据原有的组织，创建了八旗制度。

在努尔哈赤正如火如荼地进行统一女真的大业的时候，他娶了一位年轻美貌的女子为妻，这就是清太宗皇太极之母叶赫纳喇氏。

万历十六年（1588年）九月，努尔哈赤削平了建州各部，统一大业已基本形成，而就在此时，有一件喜事发生了。纳林布禄亲自陪送胞妹来努尔哈赤这里成婚。为了表示重视，努尔哈赤本人率领诸贝勒、大臣前往迎接，然后在费阿拉城里努尔哈赤的住处举行盛大宴会，正式结婚。当时努尔哈赤已经30岁了，而这位新娘才刚刚14岁。她就是后来清朝追谥的孝慈高皇后。

努尔哈赤与皇太极的母亲结婚时，他至少已经有了五位妻子。然而，这位叶赫纳喇氏的到来，使得以前的那几位几乎都有些失宠了。她是那样的美丽、纯正、彬彬有礼。她聪明伶俐，待人宽厚，不因逢迎而沾沾自喜，也不因诽谤而怨恨愤怒。她始终与奸佞小人保持距离，对闺门以外的政事一律不予干预，把自己的全部精力都放在了侍奉努尔哈赤身上。这也是她深得努尔哈赤欢心的原因。

明万历二十年（1592年）十月二十五日，在今辽宁省新宾县永陵乡烟筒山下，费阿拉城（即老城）生机勃勃，喜气洋洋，一个新生的男婴呱呱坠地。这个新降生的婴儿，满面红光，眉清目秀，天真活泼，他就是皇太极，未来的清太宗。

他降生之前，父亲努尔哈赤已经有了七个儿子，论序齿，他排列第八。皇太极降生时，父亲已经踏上了统一女真的征程。九年前，也就是万历十一年（1583年），父亲努尔哈赤年仅25岁，就以十三副铠甲，率领不到百人的队伍，开始了自己的征程。到了起兵的第六个年头，也就是万历十六年（1588年），原先分散的、各自为政的建州部，被他统一起来。父亲的事业从此才日益兴旺发达，向着全部统一女真大业的宏伟目标继续前进……

努尔哈赤武功超群，英勇善战。他跃马挥刀，率领军队，击败了一个又一个敢于同他对抗的强敌，胜利接踵而来，成功已在向他招手。

皇太极最终继承了父业，努尔哈赤的艰难创业和其诸兄的辅助，都为这位未来的大清皇帝第一人开辟了锦绣前程，替他的事业奠定了基础。

皇太极就出生在这样一个奔涌着黄金血脉的家族，家族中流传的就是一种王者的气概。皇太极也正是认识到了这种氛围，并主动地在这种

第一章 皇太极对你说成功

氛围中成长历练，他能够认识到自己的使命，为他以后能够建立一个强悍的帝国奠定了基础。

皇太极在很小的时候就能够认识到自己的使命，在当今社会，我们也要学着正确地认识自己。我们知道，在日常生活中，人们都会有各自不同的表现，自然也会得到各种不同评价和议论。有人可能会赞许称颂你，也有人可能会批评责备你，甚至还有人可能会轻视你。那么，对于不同人眼中的你，究竟哪一个才是真正的你呢？在投向你的各种形形色色目光中，你自己又能否做出客观公正的分辨呢？你是否能从这些评价和议论中吸取有益的东西丰富自己、改善自己呢？或者你因此而丧失了自主精神，从而湮没在了他人的议论中呢？

一个人要能够客观、透明、正确地认识自己是至关重要的。你要从各个方面，比如做人的形象，身体的外观、自身的品德和才能、优点和缺点、特长和不足、过去和现状以至自己的价值和责任等等，来对自己作一个全面的认识。但是，一个人对自己的这些认识判断是否符合自己的本来面目和实际情况，不同的人会出现许多差异。因为有时候人难免会有主观意识。许多人都只看到自己的优点和长处，而常常忽略自己的缺点和错误；有些人能看到自己的很多问题，但却分不清哪一个才是主要问题；也有这样一些人，他们看到了自己的弱点和不足，却一点也看不到自己的长处。

由此可见，一个人要认识自己，就像认识客观世界一样，需要有一个过程去逐渐了解和学习。所谓"当局者迷，旁观者清"说的就是这个道理。

古人有一句话："把自己太看高了，便不能长进；把自己太看低了，便不能振作。"美国一位著名心理学家也得出类似结论：多数情绪

皇太极像

低落、不能适应环境者，都是因为没有自知之明。他们埋怨福薄，却又处处想和别人攀比，一直幻想着如果能有别人的机缘，自己一定能够做得怎样好怎样好。事实上，一个人只要能客观地认识自己，就能走出情绪的低谷。

如果想客观地认识自己，是有很大难度的。但是，如果想认认真真地做一番事业，最起码的要求就是首先能够对自己做一个客观的评价。比如说，你可能解不出许多高深的微积分数学难题，又或者你记不住那样多的外文单词、成语，然而，你在处理事务方面却有特殊才能，善于分配给不同的人适当的工作，善于处理种种突发事件，有高超的组织能力；你可能在物理和化学等自然科学方面并不突出，然而你却能写出优美的小说、诗歌；也许你对音乐不是那么敏感，分辨音律显得比较困难，但是你却能画出一幅幅栩栩如生的素描来；也许你连一些简单的几何形状也画不像，但是你却有一副动人的歌喉；也许琴棋书画你一样都不会，但是你却有着强健的体魄；等等。

如果认识到了自己的长处，就应该学会扬长避短，一旦认准了目标就要抓紧时间把一件工作或一门学问认认真真地钻研下去，久而久之，自然会结出丰硕的果实。有些看起来不怎么聪明的人，也许在某些特定的方面却有着杰出的才能。中国历史上曾经有个叫阿留的人，在许多方面看起来都不过是一个"扶不起的阿斗"，然而在绘画方面，他却是个不可多得的天才；当代著名数学家陈景润刚毕业去教中学数学，大大小小的问题出了不少，然而他却能够攻克世界难题；很多人都知道柯南道尔写《福尔摩斯探案集》而名扬天下，然而却几乎没人知道他是一位医生，就因为其医术并不像小说那样突出……

其实每个人都有着自己某方面的特长，也都有自己特定的天赋与素质，如果你能够选对符合自己特长的努力目标，成功的可能性就会增大很多；相反，如果你没有选对符合自己特长的努力目标，就很可能把自己埋没掉。

一个人在一生中要经历许多的成功与失败。但是，传统观念通常都是强调要人们注意从失败中吸取教训，却很少注意提醒人们要对成功进行研究。因此，失败在人的心理上留下的印痕将会更深刻。如果一个人失败的次数多了，那么他的自信心也会慢慢地丧失掉，久而久之就会觉得自己一无是处。

那么如何才能算一个全面而客观的自我认识呢？这应该包括成功和失败两部分。自卑的人如果能把视野拓宽或者换一个角度来思考问题，就很容易发现一个完全不同的自己。著名心理学家罗伯特·安东尼曾经讲过这样一段话："将自己的每一条优点都列出来，以赞赏的眼光看看它们。经常看，最好背下来。将注意力集中于自己的优点，你会在心里树立信心：你是一个有价值、有能力、与众不同的人。无论什么时候，你只要做对一件事，就要提醒自己记住这一点，甚至为此酬谢自己。"

在我们的成功之路上，早一点正确地认识自己，就能够少走一点弯路。只有认识和了解到自己的使命，认识到自己的兴趣和爱好所在，才能够以相应的态度面对自己的生活和奋斗之路。

宝剑锋从磨砺出

古语有云："宝剑锋从磨砺出，梅花香自苦寒来。"想要获得成功，就要经历一番苦痛。我们在平时，就要为了心中的梦想多加磨炼；在遇到逆境和苦难时，把它们作为对自己的一种考验，只有经历了一番刻骨铭心的磨砺，才能够在成功的路上，一路披荆斩棘，到达成功的彼岸。

皇太极的母亲叶赫纳喇氏，原是海西女真叶赫部酋长杨吉砮的小女儿。在女真各部激烈火拼和纷争中，杨吉砮也想寻求支持，他看中了努尔哈赤，认定他是一个非同一般的人，主动提出要把自己的女儿嫁给他。杨吉砮说："我这个小女儿容貌出众，品德高尚，把她许配给你，那才算得上真正的佳偶。"努尔哈赤听他这么一说，觉得杨吉砮完全是一片好意，就接受了对方的建议，同意接纳他的小女儿为妻。

　　不久，在同明朝的一次边界冲突中，杨吉砮与他的哥哥都被明兵所杀害。这次事件并没有影响努尔哈赤与叶赫早已定下的这门亲事，万历十六年（1588年）九月，当努尔哈赤削平建州女真各部时，杨吉砮之子纳林布禄亲自陪送胞妹，前往赫图阿拉，同努尔哈赤成婚。这年，努尔哈赤已经30岁，这位新娘即皇太极未来的母亲只有14岁。

　　万历二十年，叶赫纳喇氏才18岁，就生下了皇太极。这是他们相亲相爱的结晶。努尔哈赤因为得到这位美丽而贤慧的妻子，本来已很惬意，此时又得一骄子，更是满心欢喜，如果不是忙于军国大事，他真的一刻也不愿离开他们母子。就在他们夫妻恩爱正浓之时，不幸的事情发生了：万历三十一年秋，年岁还不满30的叶赫纳喇氏突然得了重病。努尔哈赤心急如焚，想尽办法给她治病，最后，还是没能挽救她的生命，叶赫纳喇氏悄然而逝。她同努尔哈赤相夕为伴，共同生活了15年，还不满30岁，就与努尔哈赤和他们的儿子永远分别了。她后来被追谥为孝慈高皇后。她没有料到自己留下的这个唯一的儿子就是后来的清太宗，更没有想到她死后会不断得到殊荣，随着努尔哈赤父子事业的兴隆，她的尸骨也随他们的前进而迁葬。去世后，先在院内停灵三年，埋在赫图阿拉尼雅满山岗。努尔哈赤迁都东京（辽宁辽阳），她的尸骨也迁到这里。皇太极在沈阳即位后，又把她的尸骨从辽阳迁到沈阳东郊石嘴山，与父亲努尔哈赤合葬于福陵，今俗称东陵，这里，成为皇太极父母永世安身之所，受到后人世代景仰。

　　爱妻的去世，让努尔哈赤长久处于悲痛之中，而皇太极年仅12岁，已经懂得人间世事，看到自己的生母去世，内心的悲痛和心灵的创伤是十分巨大的。

　　努尔哈赤起兵之后，东伐西讨，南征北战，强敌四逼，内外交困，没有时间照顾皇太极。皇太极也没有同母的兄弟姐妹，他的二哥代善有哥哥褚英；他的五哥莽古尔泰有弟弟德格类，还有妹妹莽古济。他的幼弟多尔衮有哥哥阿济格，还有弟弟多铎。而皇太极就只是孤零零的一个人。一个生活在大家庭里没有同胞兄弟姐妹的孩子，一个缺少母亲呵护、父亲关爱的孩子，可以想象，他的少年时光是多么的寂寞和孤独。

少年丧母，自是人生中的一大不幸。然而，皇太极失去母亲的关爱，却促使他学习、仰慕父汗，也更锤炼他独立、慎思、顽强、拼搏的品格。后来，皇太极在对内辖制和对外征服的过程中能够挫败群雄，是同他挫折长智慧、困厄磨意志的特殊家庭环境和人生经历分不开的。

皇太极小的时候，是个绝顶聪明的孩子。3岁时，就很懂事。7岁时，就已经仪表堂堂，威严庄重，言辞敏捷，机灵有才。他在父母的训诫下，担负一般孩子不能承担的重任。母亲去世后，一方面，父亲给予教导关怀。一方面，他很要强，尽力自己照顾自己，不劳父亲操心，主动地去做别人没有想到的事情。父亲努尔哈赤和他的哥哥褚英、代善等长年累月地奋战在沙场上，他留在家里，按照父亲的嘱咐，主持家政，既能发挥他的聪明才智，又让他得到了锻炼的机会。

这个时候，父亲的大业蒸蒸日上，已成为一方领袖，威震四方的显赫人物。家庭生活有了极大的好转，已非他年轻时的窘况可比。家中人丁兴旺，子妾成群，奴仆跟随，财富猛增。他的家就安在新筑的费阿拉城的内城里，用木栅围成一个圆形的大院，其中有一间到四间不等的瓦舍、草房十余座，三十余间，分住室、客厅、行廊等。这是事业初创时期，一切都显得简陋，家和国尚未分开，所以，这里既是家庭，也是处理军国大事的议政之处，往往是家事和国事混在一起办。这就增加了家政事务的复杂性。少年皇太极主持和管理这个大家庭的日常事务，干得

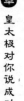

第一章
皇太极对你说成功

很出色。凡日常家务、钱粮财物收支，迎来送往，不管事情如何细碎，他都安排得井井有条，处理得当。父亲在跟前时，他一面仔细观察、学习父亲处理问题的方法，一面主动去做；父兄出外征战时，他就独自主持家政，处理的结果常常同父亲的想法吻合。父亲看到这个年少的儿子有这样非凡的能力，不禁暗暗惊讶，因而从心眼里喜欢他，对他也越发信赖。

皇太极少年时就是在失去母亲照料的情况下，独自成长起来，并且在父兄常年征战时，主持家政，得到了训练，所以养成了独立思考、善于决断的习惯，这对他未来主持国家大事无疑是有巨大好处的，而他成为满族政治家则受益于少年时期的健康成长。

皇太极的武功高超，骑马射箭，样样精通。历史记载说：他"步射骑射，矢不虚发。"他的体质特别好，力大无穷，臂力过人，英勇出众。沈阳实胜寺藏有太祖努尔哈赤生前所穿用的甲胄，几个人都举不起来。皇太极和他父亲相比，也毫不逊色。这里收藏他用的一张弓，矢长四尺余，一般的大力士都不容易将其拉开，而皇太极当年却能运用自如，携带这张弓南征北战，到处都取得胜利……

皇太极的这番真功夫，健壮而魁梧的体魄，都是从小跟随父亲打猎和军事活动的严格训练的结果。

渔猎是女真人的传统生产部门，一直到明代，在东北地区的边远一带的女真人仍从事渔猎，他们把渔猎作为一种谋生的手段。而在比较先进的建州、海西女真地区，虽然已过渡到以农业为主，仍不废弃渔猎，在每年的三至五月、七至十月，每家都或以部落组织为名进行这项活动。有时遇到农业歉收，往往就会以渔猎作为补充。后来生产力有了进步，渔猎已失去原有的生产的意义，转变为娱乐消遣和军事训练而继续保持着。

骑射无论是作为生产手段，还是作为娱乐、军事训练活动，它都已成为女真人的传统技能，尤其是在军事上，骑射更是战胜敌人的特有技能，因此，女真人无论男女老少都擅长骑射。每有行猎、打仗，每个人都带着炒面，调水而饮。在野外露宿，习以为常，马也耐饥苦，只吃很少的草，却仍能继续驰骋。女真人从几岁到十几岁的儿童都要进行骑马射箭的训练，女孩也不例外，执鞭骑马也不亚于男人。

女真人有这样一个习俗，凡在打猎时，无论有多少人，都要按照族寨而行，每人出箭一枝，10人中选出一位总领，率领10人而行，各依一定方向，不许错乱。这个总领就叫牛录额真。牛录，汉语中当"大箭"讲，额真，汉语当"主"将，合起来就是"箭主"的意思。父亲努尔哈赤创立的八旗制度，就是以打猎的组织为基础建立的，规定每300人立一牛录额真管属，作为八旗制度的基本单位，牛录额真也因此成了八旗的官名。

女真人喜欢射猎，并且组织严密，具有严格的组织纪律性。因此，号令统一，行猎打仗没有不胜利的。女真人在和平时期从事生产，战争时期便都应召入伍。这就叫出则为兵，入则为民，上马打仗，下马生产。这种全民皆兵的社会体制，要求每个人主要是男子必须从小就学习骑射，成年后个个都是骑马射箭的能手，要是在这些能手中技高一筹，出类拔萃，就更难能可贵了。

努尔哈赤为了创大业的需要，对他的几个独生子都进行了严格的训练，从十几岁起，就把他们带到战场上经受战争风险的考验。

皇太极从小就生活在一个充满尚武精神的家庭，在父亲的严格训练下，皇太极还不到10岁就开始跟随父亲出去打猎。

努尔哈赤起兵复仇后，军事已成为他的主要活动，努尔哈赤一生征战不已，可以说是在马上度过了一生。尽管军事征战频繁，但他仍然十分重视打猎，经常率自己的子弟和诸贝勒大臣举行围猎，皇太极总是跟随父亲和诸兄长参加这一活动。他一听到要去打猎，就欢腾雀跃。有时父亲不让他去，他就哭着向父亲一再恳求，直到父亲批准为止。那时候，出去打猎是件很艰苦的事情。因为仆从很少，每个人都得自己动手牧马披鞍，拾柴做饭。在马上追逐野兽，翻山越岭，在林中或涧崖中穿行，随时都会发生危险。即使很艰苦，他也从没抱怨过！

打猎最苦的日子是在冬季。冬季天气严寒，风雪交加，寒风像刀子一样刮在脸上，痛疼难忍。皇太极经受住了严寒的磨炼，不惧怕天寒地冻。后来，他继承了汗位，每到冬天就率子弟和群臣出去围猎。天气特别寒冷，都冻得发抖，他却戴一顶小窄帽，手不入袖，纵马驰射，丝毫没有寒冷的样子，他的臣下侍从无不惊讶和钦佩。这都是小时候严格训练的结果。

皇太极高超的军事技能是从父亲努尔哈赤身上学来的。努尔哈赤堪称神箭手，百发百中。有一次，他与一个最善射箭的钮翁锦比试箭法。他们约定以对面的柳树为目标，相距百步左右。努尔哈赤让他先射。钮翁锦连发五箭，结果只射中三箭，而且上下不在一处。随后，努尔哈赤也射了五箭，目标全部命中，走近一看，五枝箭都在一处，相互距离不过五寸，只有把那块木头凿下来，五枝箭才拔出来。皇太极非常崇拜父亲的箭法，他以父亲为榜样，日日苦练，功夫不负有心人，皇太极终于把步射、骑射练得样样精通，百发百中！

射猎与行军打仗一样，也有严格的纪律，不准错位，不准断围，不准践踏庄田；还要求猎物只取个人射杀的，不准把别人的猎物据为己有，也不许把自己射杀的猎物故意让给别人，冒功请赏。在这方面，皇太极是十分遵守纪律的。他从幼年开始跟随父亲出猎，从没有夺过别人的一件猎物，总是诚实地向父亲报告自己亲手射杀的猎物。后来，他参加军事出征，仍然没有改变这种原则，凡自己俘获的战利品，从不私隐一物，都是如数上缴。

皇太极具有坚强的意志，杰出的才能，高超的骑射技能以及健壮的体魄，这一切都归功于他小时候的刻苦训练，这些训练为他的迅速成长奠定了坚实的基础。

只有经历了千百次的锻打和磨砺，一把剑才能够展露自己的锋芒；只有经历了寒冬中风雪的侵袭，一朵梅花才能够傲然绽放出自己的美丽。同样经历了磨练的皇太极，在父亲严格要求和自己顽强的毅力下，成长为一名足智多谋、勇敢顽强的英雄。

苦难是每个人必经的磨难，这不仅仅是一条人生哲理，更是一条人生信仰。有了这样的信仰，无论受到多大的磨难，你都能坚强地走过去。像歌中唱的那样：阳光总在风雨后。走过迷雾，阳光就会普照大地。

上帝赐予梅花沁人心脾的芬芳，同时也给了它必须经受寒冷的逆境。不经一番寒彻骨，怎得梅花扑鼻香？逆境是芬芳的前奏，逆境是成功的前提。我们要乐观地看待逆境的出现，不要躲避它的历练，我们要时刻记住：逆境是上帝赐予我们最好的礼物。

当我们出生在人世间的那一瞬间，上帝就赐予了我们很多礼物，包括生命、语言、美貌、健康，当然还有逆境和磨炼。或许你会问磨炼也能称得上是礼物吗？回答是肯定的。逆境让你更加深刻地理解人生，更加真切地体会生命。正是因为这些逆境的存在，你的人生才会充满力量和斗志。

有这样一种飞蛾，它的名字叫做帝王蛾，堪称蛾中之王，具有比其他飞蛾更大的体型，它们的翅膀也比普通的蛾子更加有力。当帝王蛾出生前，它们被裹在严实的蛹中，它必须把翅膀从蛹中硬生生地拽出来。这个过程是痛苦的，如果它经受不起磨炼，就会被淘汰掉，有的蛾子因为受不了疼痛而停止挣扎，最终被困死在蛹中；有的蛾子则在不停地往外拽自己的身体，在这个过程中不断地磨着自己柔软的身体，虽然很痛苦，可是却为它锻炼出了强健的翅膀。经历过这样的逆境之后，它就具备了上帝赐予的神奇力量，成为蛾中最优秀的品种。

司马迁在《报任安书》中有一段话："古者富贵而名磨灭，不可胜记，唯倜傥非常之人称焉。盖文王拘而演《周易》；仲尼厄而作《春秋》；屈原放逐，乃赋《离骚》；左丘失明，厥有《国语》；《诗》三百篇，大底圣贤发愤之所为作也。"这段话想要表达的意思是：大凡成就事业者，都是从逆境走来的人。他们接受了上帝安排的逆境，勇于和它抗衡，才能得到后期的发展。

庸人制造逆境，贤才扭转逆境。逆境有时候是上帝帮助你摆脱庸者的身份而悉心给你安排的。有的人不但不给予感激和接受，反而谩骂命运无情，社会不公，真是十足的愚人。

逆境出人才。在外留学的很多人都有这样的经历，他们放弃了国内安逸的生活。独自一人到国外面对种种困难，在那样的逆境中得到了很多的成长。在外留学时，几乎每一个人都有过辛苦打工的经历。他们白天上课，晚上去干活，还要忍受一些本地人的歧视和欺辱。在码头上扛大包的人群中，在餐馆中忙忙碌碌的人群中，在工地上扛水泥的人群中，都时常有他们的身影。有一位朋友回忆国外的那段生活时说道："历练，国外的每一天都如地狱般历练。那时候，由于语言不通，给生活带来巨大不便。上课也总是听不明白，需要课下花费十倍的精力重新温习。由于肤色不同，总会遭到谩骂和指点。一天赶三份小工，为了微薄的收入，早上很早就得起来去送报纸。记得那时候，每天只能睡三个小时。当然，走过了最黑暗的路，现在便是收获的季节。

逆境是磨练意志的环境。逆境让人的生命更加完整。人的潜力是无限大的，很多时候我们在顺境中是不能把它们发挥出来的。这时候逆境就派上了用场，它可以刺激我们的斗志，激发我们的潜力。孟子说："天将降大任于斯人也，必先苦其心志，劳其筋骨，饿其体肤，空乏其身，行拂乱其所为，所以动心忍性，曾益其所不能。"看中国的历史，多少名留历史的人都是从苦其心志，劳其筋骨，饿其体肤，空乏其身走来的，正是因为有了这些经历，才有了"天将降大任于斯人"的结果。

宝剑锋从磨砺出，梅花香自苦寒来。成功不会来得那么简单，它的前序就是那些令很多人退缩的苦难。真正地理解这些苦难的意义，才能敢于直面惨淡的逆境。逆境是上天赐予你的礼物，虽然外表可憎，但是金玉其内，不要拒绝，勇敢地接受它吧！

成功需要积累

一滴水，又一滴水，不断汇聚，最终形成了汪洋大海；一粒沙，又一粒沙，不断积累，最终形成漫无边际的沙漠；一个人的成功同样如此，只有不断积累自己的成果，才能够逐渐走向成功。

在后金建立前后，皇太极是努尔哈赤的得力助手，在开创后金和治

理这个国家的过程中，皇太极起到了重要的作用。

努尔哈赤是很爱追求权力的，但是当他手握大权的时候，并没有忘乎所以。他谨慎行事，保护着这用智慧和血汗争得的一切。他坚持与周围的功臣宿将，甚至是地位低下的部众商议军国大事，然而他也是敏感、多疑的，喜欢忠臣孝子，决不允许任何人对他的地位和权力进行挑衅。在创建后金国的过程中，为巩固和加强自己的地位与权力，他处理了两个人的问题。这对皇太极的未来产生了重大影响。

一是皇太极的叔父舒尔哈齐。舒尔哈齐是努尔哈赤胞弟。舒尔哈齐比努尔哈赤小四岁，他幼年与努尔哈赤有几乎同样的生活经历。万历十一年以后，他驰骋在统一女真的战场上，冲锋陷阵，屡建功勋。由于他英勇善战，曾被努尔哈赤赐号"达尔汉巴图鲁"。巴图鲁，在汉语中的意思就是勇士。

舒尔哈齐的名声渐渐传播开来。他在明朝人的心目中，地位与其兄努尔哈赤相等。他们称努尔哈赤为都督，也称舒尔哈齐为都督。万历二十五年七月，他到明朝进贡，历史记载："建州等卫夷人都督、都指挥速儿哈赤等一百员名，纳木章等一百员名，俱赴京朝贡，赐宴如例。"因为他排行第三，明朝人也称他为"三都督"。在明朝人看来，舒尔哈齐同努尔哈赤一样，其势力越大，对明朝的安全越具有威胁。在朝鲜人的眼里，舒尔哈齐则是女真中仅次于努尔哈赤的第二号人物。

然而，真正的问题并不完全在于舒尔哈齐的势力与地位与努尔哈赤相当，而在于他们的关系并不亲密无间。努尔哈赤统一女真各部，开始称王建国，集中权力是首先而且必须要做的，他与舒尔哈齐的矛盾也逐渐暴露并且尖锐起来。万历二十七年九月征哈达，舒尔哈齐自告奋勇，请战说："可令我为先锋，试看如何？"努尔哈赤命令他领一千兵前进，行至哈达城，遇到哈达兵出城拒战。舒尔哈齐按兵不动，对努尔哈赤说："敌兵出城抵御！"努尔哈赤斥责他说："这次出来打仗，难道是因为敌人城里没有防备吗？"又"怒喝"舒尔哈齐："带你的兵向后去！"也就是说让他继续进攻。当时，舒尔哈齐的兵进路受阻，只能绕城而行，敌人趁机从城上射箭，导致很多将士死伤。

后来终于把城攻占了。努尔哈赤之所以大发雷霆，就是要对舒尔哈齐的不忠、不合作和不服从调动予以打击。

万历三十五年（1607年），东海瓦尔喀斐优城头目策穆特赫摆脱了乌拉布占泰的控制，率众人来投降努尔哈赤。努尔哈赤命令舒尔哈齐同子褚英、代善并大将费英东、扬古利、常书、侍卫扈尔汉、纳齐布等领三千兵前去迎接。出发时，夜色朦胧，天阴沉沉的，忽然军旗上连连闪出一道道白光，众将官无不疑惑。舒尔哈齐说："我从小打仗以来，未曾见过这种怪事，想必是凶兆！"于是想要退兵，褚英、代善不同意，强行领兵到了斐优，收降环城屯寨五百户而归。路上，乌拉布占泰出动上万大军袭击，被褚英、代善打败。舒尔哈齐领五百人在山下逗留，还有常书、纳齐布别领百人随从。褚英、代善胜利凯旋。常书、纳齐布领兵不战，论罪当死。舒尔哈齐为其求情说："杀了他们，与杀我是一样的。"努尔哈赤饶了二人的命，改死为罚。但是，对舒尔哈齐也给予了惩罚，就是"自是上不遣舒（速）尔哈齐（赤）将兵"。

努尔哈赤没有再继续宽恕他的弟弟，舒尔哈齐并不甘心忍受这位兄长的惩罚，非常不满地说："这样活着，还不如死了！"随后便同他几个儿子商议，逃到了黑扯木。努尔哈赤非常愤怒，杀了舒尔哈齐的两个儿子，没收了全部财产。舒尔哈齐这才不得已承认错误，返回原处，努尔哈赤把没收的财产还给了他们。万历三十九年（1611年）舒尔哈齐

死，时年48岁。舒尔哈齐死后，明朝专门派人用较高的礼节吊祭。

文献反映出舒尔哈齐同明朝关系密切，"中国（明朝）宣谕，无不听命"。他势力大，不服从调动，还亲明，必然引起努尔哈赤的嫉恨，对他不信任，不重用，羞辱他的人格，直至使他很快死去。努、舒兄弟的矛盾，实是争夺权力的斗争。努尔哈赤利用自己的优势，战胜了一个对他地位和权力形成最大威胁的竞争者。这一胜利，对皇太极未来的政治前途有着深远的意义。

再一个是皇太极的长兄褚英。如果说因为辈数、年龄和直接的利害关系等，在努尔哈赤同舒尔哈齐的斗争中，皇太极的作用不明显的话，到了努尔哈赤解决褚英的问题时，皇太极的表现就不同了。

皇太极刚刚进入父亲的决策核心，就参与了对长兄褚英的权力斗争。

褚英是努尔哈赤的元妃佟甲氏所生，比皇太极大十多岁。他早已投身沙场，统率过千军万马，立下许多战功，父亲赐给他"洪巴图鲁"（汉意为"勇士"）的美称，后又赐号"阿尔哈图图门"（汉意为"广略"）。他处于长子地位，很想将来继承父亲的事业，成为一国之主，掌握大权。但他高傲、自私，心胸狭窄，锋芒外露，不大得人心。

努尔哈赤的事业正一步步走向成功，离称汗建国的日子也越来越近，他的儿子们也都个个长大成人，他却感到自己变老了，政务、军事繁忙，觉得精力不够用。他就想找个替他分担政务的助手，这个助手将来要继承他的事业，保证江山不毁。他很了解中国历代统治者通行嫡长子继承制，以为这个制度可以避免在新老交替时发生内乱，防止骨肉相残的悲剧重演。他想到了长子褚英，应让他来携助执政。但他明知褚英心胸狭窄，不能宽厚待人，怎能承担国家的执政重任呢？如果不用他，让他弟弟来执政，那不造成国家混乱了吗？想来想去，还是觉得用长子比较稳妥，他的那些缺点，会在执政的过程中克服掉的。他作出了决定，让褚英代他管理政务。

但是，褚英没有像父亲希望的那样去做。他代理政务后，心术不正，处事不公，造成父亲所任用的五大臣互相不团结，皇太极看在眼里，觉得十分苦恼。褚英以为大权在手，连他的父亲也不放在眼里，对他的弟兄们更是不客气。更为严重的是，他竟背着父亲，指使他的弟弟们对天发誓。他拟的誓词说：长兄如何说，他们就如何办，有什么话，也不要告诉父亲！褚英还扬言：父亲死后，要把父亲分给弟弟们的财产重新分配。凡是和他关系不好的弟弟、大臣，以后都要杀掉！皇太极和他的几个哥哥，以及五大臣都受到他的欺凌和威胁，心中惶惶不安。于是，他们就秘密商量说："他说汗（指父亲）死后，不养我们，我们的生路就要断绝，还是把我们的遭遇报告后死了也心甘。"

他们经过商量后，就把褚英的劣迹向父亲做了口头汇报。努尔哈赤说："空口无凭，我也记不住，要写在纸上送来。"皇太极和他的三个哥哥、五大臣每人写了一份受苦的情况，呈送给努尔哈赤。

努尔哈赤很快就召见了褚英，将他弟弟们和五大臣写的材料给他看，对他说："你看了这些材料，说说你的想法，如有申辩，也可写出来。"褚英在事实面前，被迫表示："我没有什么可说的。"努尔哈赤大怒，斥责说："我考虑我已老了，不能打仗，不能断理国事，就让你执政，可是你却不能宽宏大量，平等和气待人，让你的四个弟弟和五位大臣受气，弄得不和睦，怎么还能让你执政呢？我给了你很多财产，高于你所有的兄弟，可你还不满足，竟然还要索取你弟弟们的财产，扬言杀掉你认为不好的弟弟和大臣，逼着他们立誓，不准揭发你的问题。像你这样狭隘自私，只有把你占有的人口和财物拿出来，同弟弟们的合在一起，平均分配。"从此，努尔哈赤再也不信任褚英了，遇有重要的军事征伐，也不派他去，而是命令他留守，在家里呆着。

褚英不知悔改，心里很不服气。他对自己的四个仆从发泄怨气说："和弟弟们平分人口，我宁死不干！"他不再关心父亲的事业成败，甚至诅咒父亲。他写上诅咒父亲、弟弟、五大臣的咒语，对天焚烧。这时，正赶上父亲和他的弟弟们出征乌拉，他对仆从说："我们出征乌拉的兵失败了才好，那时我就不让父亲和弟弟们入城。"

褚英狂言乱语，引起仆从的惊恐，他们害怕一旦事情败露，必死无疑，就向努尔哈赤告发了褚英的叛逆行为。努尔哈赤再也遏制不住内心的愤怒，恨不能马上杀掉这个不肖之子。但冷静一想，父杀子对后代影响不好，就强压怒火，于万历四十一年（1613年）把褚英监禁起来。

监禁褚英时，皇太极已经21岁了，他完全懂得这场斗争对他的重要意义。父亲处罚了长兄，使他失去了继承人的地位，无疑是给他的前程扫除了一个障碍。所以，他积极参与，冒着极大的危险，同他的三个哥哥揭发了褚英。把他投入监狱，此时，威胁还没有完全解除。皇太极和几个哥哥继续密切关注褚英的言行。

褚英身陷狱中，仍无悔改之意，怒言不时流露，而告发也随时报到努尔哈赤那里。两年过去了，努尔哈赤对褚英彻底失望了，感到褚英的存在，对国家、对诸弟及大臣们都无任何价值，可能要贻患将来，于是下了最大决心，下令将褚英处死，时年36岁。

在对褚英的斗争中，皇太极忠实地维护父亲的地位和权力，积极参与密议，起到了关键作用，帮助父亲铲除了一个政敌。进一步赢得了父亲的钟爱和信任。皇太极对褚英的斗争，于他自己的命运和前途也是非常有意义的。他的忠诚使努尔哈赤对他更加钟爱和信任。这从后金建立以后皇太极地位上升和作用增大可以得到证明。

在后金刚刚建立的时候，皇太极就在努尔哈赤身边参与重大决策，被称为和硕贝勒，是八旗的旗主之一，同其他的和硕贝勒"共议国政，各置官属"。努尔哈赤共有子侄数十人，天命之初为首的和硕贝勒共有四人。他们的名字和地位按顺序分别是：大贝勒代善、二贝勒阿敏、三贝勒莽古尔泰、四贝勒皇太极。因为这四位贝勒的地位高于其他贝勒，所以又称他们为四大贝勒。贝勒可译为王，因而历史中也常常有大王、二王、三王、四王的记载。

在四大贝勒中，皇太极虽然排在最末，但在同辈兄弟中算是出类拔萃的。皇太极在努尔哈赤众子中，按年龄排在第八。四大贝勒中的代善、莽古尔泰是他的亲兄弟，都比他年长，阿敏是舒尔哈齐之子，他的叔伯兄弟，也比他年长。褚英是努尔哈赤的长子，又立有军功，必然排在他之前。褚英的垮台，为皇太极提供了一个提升地位的机会。皇太极因为能征善战，治国有方，地位高于阿拜、汤古岱、塔拜、阿巴泰等几位年长的兄弟，并得到了努尔哈赤的器重。在政治上，四大贝勒的作用大小并不完全按照排列先后而论。皇太极排在最末，不是意味着他的作用小于另外三大贝勒。天命六年（1621年）二月，"太祖命四大贝勒按月分直。国中一切机务，俱令直月贝勒掌理。"皇太极作为四大贝勒之一，参与管理国家政事，"按月分直"，表明他与代善、阿敏、莽古尔泰轮流执政，发挥了同等的作用。

天命时期是努尔哈赤南面独尊的年代。他凭借自己卓越的才能，在军事、政治、经济及文化等方面，取得了巨大的成就，开创并巩固了后金政权，奠定了大清一代的根基。同时，皇太极作为努尔哈赤的得力

第一章
皇太极对你说成功

鹰扬天下

皇太极有话对你说

助手，在通往权力顶峰的道路上，也在大踏步前进。他"赞襄大业"，既不肯久居人下，也不甘心与同辈平起平坐。他知道，在四大贝勒中，最有希望成为努尔哈赤继承人的就是他自己。阿敏的父亲因罪而死，使得其子也受到牵连，更重要的是阿敏并不是努尔哈赤亲生儿子，因此谈不到继承问题。莽古尔泰是努尔哈赤继妃富察氏所生，因为庶出，所以希望并不大。四大贝勒中只有代善和皇太极的条件相当。而代善的优势在于年长、功多，在能力方面则很平庸，又因错误不断，在努尔哈赤那里也得不到欢心。皇太极是努尔哈赤绝对信任的唯一人选。皇太极有一名大臣叫伊拉喀，他对皇太极从不尽心竭力，还诉苦说："四贝勒无故的不抚养我，我想回到抚养我的汗那里去。"努尔哈赤与诸贝勒、大臣议论："这个伊拉喀原来在我处，跟我在一起时没有为我出力，养之无益，使我怀恨，增加许多烦恼。我宽大为怀，不思旧恶，任他为大臣，辅佐我的儿子。伊拉喀既不尽力，又控诉四贝勒无故不养，岂不是在我父子间进行挑拨？"于是立即下令杀了伊拉喀。杀死伊拉喀是努尔哈赤的决定，这也表明了努尔哈赤是充分信任皇太极的。

在天命时期，皇太极作为努尔哈赤的助手，其作用是相当大的。他协助努尔哈赤巩固和发展了后金国家，维护了努尔哈赤的集权统治。在这个过程中，他也为自己以后继承努尔哈赤开创大业一点一点铺平了道路。

从皇太极的这些事例中，我们可以发现，一个人的成功，并不是一蹴而就的，而是在经过了平日里许许多多的努力，慢慢累积起来之后才获得成功的。皇太极之所以成功，就是因为在平日里他将自己的战功和威信慢慢积累起来，最终才获得成功的。

成功需要积累，正所谓："合抱之木，生于毫末；九层之台，起于累土；千里之行，始于足下。"古今中外，许多成功人士以他们切身的经历告诉我们，想要获得最终的成功，就要依靠平时的积累。发明大王爱迪生，一生中获得了难以计数的专利，但是这巨大的成功源自于他一点一滴地积累。在爱迪生改良电灯的过程中，他尝试的灯芯达几千种，当助手抱怨一次又一次的实验失败，一无所获的时候，爱迪生说道："怎么是一无所获呢，我们知道了又一种材料不适合啊。"正是靠着这日常的积累，最终爱迪生发明出了耐用的灯泡和其他许许多多的物品。

一颗种子，要经过时间的积累才能够获得长大的力量，最终才能成长为参天大树。

钟乳石瑰丽多姿引发了我们深深地赞叹，钟乳石的美丽，也是一点一点地积累起来的，并且更加的艰辛，可能过了一万年，它才长了一丁点的距离，如果我们能够看到这一万年中它的两个形态，可能我们都不会发现它的变化。事实上，它确实长高了，依靠着一个分子一个分子的累积，无数细小的碳酸钙，在千百万年之后，获得了一种生命的美丽。不得不说，积累是万物所需，生命的长成靠时间推移，就是永恒的宇宙也在不断积累不断扩大。

在现实世界里，每个年轻人都有梦想，都渴望成功，然而志大才疏往往是阻碍年轻人成功的最大障碍。他们看到的只是成功人士功成名就时的辉煌，却往往忽略了他们在此之前所进行的艰苦卓绝的努力。而事实上，人世间没有一蹴而就的成功，任何人都只有通过不断地努力才能积聚起改变自身命运的爆发力。成功需要积累，这就是一条最原始也最简单的真理。

第一章 皇太极对你说成功

知礼仪，识大体

在我们的日常交往活动中，为了不冒犯别人，就要遵守一定的规矩，这些规矩后来逐渐发展为一门学问，这就是我们所说的礼仪。中华悠悠五千年文明，自古就注重礼仪，礼仪体现着一个人的修养和素质，更在一个人的成功之路上有着重要的作用。

明万历四十四年（1616年），努尔哈赤在赫图阿拉正式建立国家，国名叫大金，又称后金，他也登上汗的宝座（汗是北方少数民族对自己的最高统治者的称呼，犹同汉人称皇帝），自立年号"天命"，他即位的第一年称天命元年。

皇太极在数十人的兄弟子侄中，上升到四大贝勒的显赫地位，突出说明父亲对他的信任程度，他居四贝勒的最末，也显示他在同辈兄弟中已经出类拔萃。前文已提到过努尔哈赤继承人的问题，最有竞争力的是皇太极和代善二人。

皇太极在平日里很注重遵守礼仪制度，但是代善却不拘小节，甚至有时候做一些出格的事情。并且皇太极智勇双全，又知道用心经营自己的形象，时时处处都用上心计，同代善争胜。他处处显得精明强干，循规蹈矩，办事说话都注意分寸、场合，衡量利弊，再采取行动。

这时候，出现了努尔哈赤大妃送饭给二人的事情。在对待大妃的馈赠上，一个表现守礼仪，识大体；一个表现得很愚蠢，缺乏眼光。在这件事情上，皇太极以自己守礼仪、识大体的风度，再一次战胜了代善，赢得了努尔哈赤的信任。

这里有必要先对大妃进行一下介绍。大妃名叫阿巴亥，是乌拉部首领布占泰的侄女，在努尔哈赤征战四方，统一女真的过程中，被作为政治筹码送给了努尔哈赤做妻子，当时阿巴亥只有12岁。年幼的阿巴亥不仅丰姿貌美，而且很有心计，懂得机变。嫁给努尔哈赤之后，很快凭借着自己的美貌和心机，赢得了努尔哈赤的宠爱。两年之后，当时的大妃病逝，阿巴亥被努尔哈赤立为大妃，身为大妃的阿巴亥，给努尔哈赤生下了阿济格、多尔衮和多铎三个儿子，这三个儿子也都得到了努尔哈赤的喜爱。

但是，努尔哈赤的大妃是个趋炎附势的女人。在当时，她的亲生儿子还很幼小，没有实际权力，她看到大贝勒代善和四贝勒皇太极势大，特别是努尔哈赤曾说过，他死后，由代善抚养小儿子们和大妃，便认定代善将来要继承父亲汗位的宝座，于是对他特别倾心，平日里就显得有点越礼。当时的女真族，还没有向汉族一样的繁文缛节，但是对于一些必要的礼节，还是相当看重的。

大妃不顾母后的尊严，竟屈身给代善送饭，送了两次，代善不知深浅，感到很舒服，美滋滋地享受了两次。

与此同时，大妃还给当时同样风头正劲的皇太极也送了一次饭，皇太极却看出了其中的问题：阿巴亥并不只是要送饭，这饭里，还有阿巴亥的一份私情。但是出于礼貌，皇太极收了她送的饭，出于礼仪，皇太极却不敢吃。因为他知道其中缘由，不能接受这份私情。

在两个王爷对大妃的态度表明之后，大妃开始把主要心思用在代善身上。她经常派人到代善家问候他，有时一天竟去两三次。最为过分的是，阿巴亥自己本人也在黑夜中两三次出院，到代善家，并在代善家逗留。当诸贝勒、大臣在努尔哈赤宫中聚会时，大妃乔装打扮，金珠盛饰，故意在代善面前卖弄风情。诸贝勒、大臣都看在眼里，觉得大妃有失体统，但是慑于大妃和代善的势力，都不好说什么。大妃与代善的私人往来，也渐渐传了出来，因为畏惧代善和大妃的权势，人们也都不敢揭发。

俗话说：常在河边走，哪有不湿鞋。这些丑闻，被努尔哈赤的一个小妃代因扎知道了，在后宫的争斗中，这可是一个很有利的武器。她乘机利用这些事来攻击大妃，以提高自己的地位，于是她便向努尔哈赤告发。努尔哈赤对传闻作了核实，心里自然很生气。他权衡利害，不愿因为两人的暧昧关系再加罪代善，以免闹得满城风雨，于他的脸面也不好看。他另外找借口，抓着她窃藏金帛的口实，抄了大妃的物品，果然抄出非法私藏的金帛，愤怒的努尔哈赤本想处死她，但最终鉴于还有年幼的三子一女需要她抚养，就免除死罪，下令打发回家。

大妃给大贝勒代善和四贝勒送饭，反映了两人都有突出的政治地位。他两人的表现，一个吃，一个不吃，性质大不同。虽然一顿饭体现不出什么实际意义，但是其中所包含的礼仪，所包含的大体，却决定着两个人的形象。

从这件事情中，努尔哈赤又一次看出皇太极守礼仪、识大体、忠诚可信，代善则平庸，不识事务。父亲拿兄弟两人作了比较之后，就把注意力移到了皇太极身上了。在这件事上，皇太极凭借自己在礼仪上的修养，胜过了代善一筹。

礼仪是我们日常生活中，进行人际交往的行为规范。礼仪能够体现出一个人的文化修养、道德水平和交际能力。礼仪是在人与人的不断交往中，不断地进行调整，最终形成的一种人们自觉遵守的规范。

中华文化源远流长，华夏自古就是礼义之邦。只有正确地掌握礼仪，根据各式各样的礼仪，来确定和人交往的行为，才能够获得他人的好感，得到他人的尊重，进而获得交往中自己希望得到的利益，获得自己的成功。

子曰："人无礼，无以立。"礼仪是一个人修身之道，立身之本；是一个民族、一个社会文明的集中体现。礼仪代表着一个社会文明的高度，能够反映出一个民族的精神风貌。礼仪是作为人际交往中的道德规范，能够促进交往的友好和谐，是构建人与人和睦相处的桥梁。从古至今，能够获得成功的人，多数都能够做到知礼仪、识大体。正是因为如此，在他们获得成功的路上，能够得到更多人的帮助，更容易走向成功。

从个人角度看，礼仪能够提高个人修养，促进人的社会交往，能够改善人际关系，使自己获得更多的认同，一个人首先要懂礼仪，才能够获得别人的尊重，才能够得到别人的帮助。

从团体的角度看，礼仪包含着一个团体的精神风貌、品牌文化，是一个团体形象的集中体现。在一些国际化的大企业中，对自己的礼仪都有严格地要求，这些都是为了提升自己的形象，获得顾客和合作伙伴的认可，进而提高自己的经济效益。

礼仪之所以作为一种文化，经久不衰，反而越来越被人们所重视，就是因为礼仪在我们的人生之路上，有着极其重要的作用。

学习礼仪，懂得礼仪，能够提升我们的竞争力，能够适应时代的潮流，能够在我们走向成功的道路上，帮助我们渡过难关，早日追求到自己的成功。生在礼义之邦，做一个彬彬有礼之人。

第一章 皇太极对你说成功

敢于打破常规

人生之路千万条，总是跟着别人脚印前进的人，只能是碌碌无为。只有敢走别人从未走过的路，另辟蹊径，才有成功的可能、才能实现梦想。人生在于突破，人生在于创新，我们要敢于打破常规，进行创新。

皇太极在人才济济的众兄弟子侄中被推举，顺利地登上汗位，这对他来说是非常幸运的。但是，他没有因此而沾沾自喜或者不知所措。他从小就是在开国创业中成长起来的，冷静、沉着，并有远大的抱负，是一位出色的政治家。他想让这个艰难创立的国家由后世子孙永久地统治下去。他很讲究实际，治国之道、人君之道他都谙熟在心。他说："若治国之道，如筑室然，基础坚固，庀材精良者，必不致速毁，世世子孙可以久居。其或苟且成功者，则不久圮坏，梓材作诰，古人所以谆谆垂诫也。"一切都不能简单从事，建造房屋也是一样，"唯筑地坚固，叠石为基，经营构造，方堪久远。"

为了巩固后金，使其进一步发展和壮大，太宗针对当时国内存在的问题，发挥了一个政治家的才智。首先，阶级矛盾尤其是民族矛盾越来越尖锐，汉族奴隶大量逃亡，满族人不断遭到汉人的袭击，辽东人民奋起反抗。这一恶劣的国内局势，是因努尔哈赤进入辽东地区后实行的错误政策所导致的。这错误的政策就是民族歧视与压迫的政策，对辽东地区的人民主要是汉人肆意屠杀与奴役。在战争期间，例如天命四年萨尔浒战役之后，后金攻开原，遇到汉人就斩尽杀绝，在占领铁岭、辽阳、沈阳等重镇时，都进行了大量惨无人道的屠杀。即使没有被杀的，也被掠掳为奴。后金兵的屠杀和抢夺，使这一地区的百姓惊恐不安，无法从事正常的生产，"沈辽之间，畏贼（指后金兵）不能耕者，延袤数百里。"战争结束后，辽东人民仍然心有余悸。而努尔哈赤继续实行压制汉人的政策，处处提防汉人。那些满族贵族和将吏抢劫财物，欺压汉人，更加重了汉人对满族统治者的强烈不满。努尔哈赤深知他们的这种情绪，曾向辽阳地区的汉人发出通令：你们辽阳人民不要以为汉人可以统治长久，以为我们是暂时占领，这完全是妄想。如果真这么想，你们是自取灭亡！但是汉人没有被吓住，他们为了反抗满族的统治采取了各种手段。有的往饮水或食盐中投毒，有的把猪毒死出售。这类事屡屡发生，连努尔哈赤都被惊动了，他下令彻查，规定各店铺主人必须将自己的名姓刻在木或石上，立于店前。凡满族妇女买食物都要把店主的姓名记下来，以便监察投毒的人。汉人、蒙古人不断袭击满族人，使努尔哈赤开始恐慌。在一个叫凤凰城的地方，有个叫玛勒图的满人单身行走，被汉人用棍击毙；乌里堪纳齐布牛录下属二人前往盖州，被汉人杀死；尚间崖有三个满人前往广宁，被蒙古人杀死……。努尔哈赤下令：自此以后，不许单身行路，必须集十人以上结伴同行，否则罚银。

武装暴动动摇着后金在辽东的统治。到了努尔哈赤晚年，这种反抗斗争开始日益激烈。天命六年（1621年），金州有两个秀才聚集十人"合谋作乱"；同年，镇江（辽宁丹东附近）陈良策率军民起义，活捉了后金守城游击佟养正，送给了明朝。镇江所属汤战、险山二堡农民也宣布起义响应。

天命八年（1623年），复州（辽宁复县）城一万一千余男丁叛逃，

鹰扬天下

皇太极有话对你说

投向明朝。

天命十年（1625年），海州（辽宁海城）所属张屯的汉人秘密联络明将毛文龙派兵，袭击本屯的满人。就在这一年，镇江、凤城、岫岩、长岛、双山、平顶山、海州、鞍山、首山、彰义等十余处掀起了反抗后金的武装斗争。

连绵不断的反抗斗争，表明了努尔哈赤进入辽沈后特别是在他的晚年，后金社会的阶级矛盾和民族斗争已经达到了相当尖锐的程度。此时，努尔哈赤对于一切反抗活动施以毫不留情地镇压。天命十年（1625年）十月，他采取了更严厉的措施：命令总兵以下、备御以上各将官严密搜查各自管辖的村庄，鉴别村中的汉人，如有叛逆之人，一经查出，立即斩杀。尤其要注意搜查明朝旧官，也就是那些被革职在家闲居的人，还有秀才、绅士等。在努尔哈赤的思想里，煽动村人闹事的，就是这些人，要逮捕他们，一律处死。然而，这些措施并没有使日益紧张的形势得到任何缓和，恰恰相反，矛盾更进一步激化了。

此时的经济状况也同样陷入困境。被战争蹂躏后的辽沈地区，经济惨遭破坏，并没有得到充分的恢复。后金实行屠杀与奴役的政策，使得人口大量逃亡，壮丁匮乏，田园荒废，再加上接踵而来的天灾，经济情况更加恶化。清太宗继位才半年，即第二年春天就遇到了大荒年，"国中大饥"，粮食奇缺，物价飞涨，每斗米价银八两。有时即使有充足的银两，也买不到东西，所以银贱而物贵。一匹好马值银三百两，一头牛值银一百两，一匹蟒缎要银一百五十两，一匹布要银九两。东西如此之贵，粮食也买不到，"人相食"的可怕景象便出现了。社会秩序混乱，牛马成了盗窃的主要对象，凶杀、抢劫到处发生。太宗叹息说："民将饿死，是以为盗耳。"由此看来，经济已达到破产的地步。

在军事上，后金军队连遭挫折，危机四伏。天命十一年（1626年），宁远城下遭明兵重创，是努尔哈赤起兵以来第一次大失利。从根本上说，这是因为他的决策失误。明将利用汉人和蒙古人对后金的仇恨心理，晓以民族大义，因此众志成城，击败了后金的强大军队。就在努尔哈赤去世前三个月，明将毛文龙派兵袭击距沈阳仅189里的鞍山驿（鞍山西南旧堡），这使努尔哈赤十分慌张，连夜赶回沈阳，诸王忙率兵向鞍山进发。数日后，毛文龙又派兵袭击萨尔浒城，此地距沈阳只有百余里。已成惊弓之鸟的明兵敢于深入突袭，威胁都城沈阳，这明显表明后金政权并未稳定。它所赖以维持其生存的，不完全是雄厚的经济实力，更多的是军事力量。也就是说，它是依靠暴力来支撑它的统治的。努尔哈赤逝世前，多少已经意识到社会问题的严重性，可惜他没有来得及解决这些问题就去世了。

作为一个政治家，往往在生死存亡之际，才显出卓越之才。清太宗面对严峻的考验，必须作出抉择：要么维持现状，要么采取新政，解决危机。他观察国内种种弊政，胸有成竹，临危不惧，在极度复杂的形势面前沉着、冷静应对，毅然实行改革。他不囿于祖宗之法和传统习惯，有继承，有发展，也有改变，展现了清太宗作为政治家的雄才大略。

矛盾和困难都清楚地摆在面前。皇太极，这个新上台的满洲大汗该怎么办呢？他搓着手在汉臣范文程和李永芳面前来回踱步，显得既踌躇满志又无处着手。

"两位先生，"皇太极望着他们，"你们过去是我的好友，现在应是我最亲近的谋士。刚才，你们把我朝的症结所在摆得如此清楚，看来想了不止一天两天了。你们就言无不尽吧！"

范、李二人是生活在辽东的汉人。努尔哈赤把他们收留下来，也曾

使用过他们，有的时候还倾听过他们的意见。可是在他的心目中，他们仍是不可信的汉人！用时呼来，不用时喝去。更多日子把他们当作"敝屣"扔在墙角里，有几次还险些把他们的头割下来！

是皇太极保护了他们。有皇太极在努尔哈赤身边，范文程他们就有了保护伞。

范文程望望李永芳，然后说："大汗，臣下觉得困难不只是坏事，它也是好事。如果一点困难也没有，任何人都可做这个大汗的。上天把大任交付给您，先大汗那么看重您，就是因为您不同于别的贝勒！"

"范先生说得很对，"李永芳也说，"如果大汗把这几件大事解决得好，后金的大业也就更稳固了，您也就成为万众景仰的大汗了！"

两个汉人一唱一和，把皇太极说得十分高兴。他明白往往在历史的转折关头、生死的存亡之秋，方现出帝王的卓越之才。

他说："两位先生说得很有道理，可是我们先从哪里着手呢？"

范文程见皇太极这么诚恳，就一口说出："大汗，在这时候，要么维持现状，守先大汗之成规，要么采取新政，实行改革，力挽危机！"

见范文程讲得这么直接，李永芳也大胆了，"维持现状是不行的，先大汗的办法再好也行不通了！"他说："两位先生，我想首先要做的是改善汉人的地位，使他们在后金安居乐业。那样，生产也就上去了，财力物力会很快地好转。有这做基础，还怕别的大事弄不好吗？"

看到皇太极这么开窍，范文程说："大汗英明，太英明了！"

"……那也许会受到贝勒、大臣们的激烈反对……"李永芳担心地说。

"当然，"皇太极说，"扬鞭催马在草原上驰骋，不能因为几片蛛网、几根横枝而勒马踟躇！"皇太极颇有文采，用上了漂亮的比喻。

"那么，大汗要跑到哪里去呢？"范文程问。

两位汉人都瞪目望着皇太极，因为这是最最关键的。

"我要跑到一片汪洋中去！"

两位汉人有点傻了。

"那片汪洋，就是你们汉人的文化，汉人的制度。而且，我不会像忽必烈那样跑到一半路程又折了回来！"

皇太极究竟是伟大的君主。他说干就干，雷厉风行。

他明白要是和兄弟贝勒们、满族大臣们讨论这个问题，并得到他们的赞同，那无异于缘木求鱼。一开始，他必然招致一片反对之声，但他知道绝对不能停步，离开努尔哈赤的成规越早越快越远就越好！

他把贝勒、大臣召集起来，宣布了他的大政方针。

他说："……如今，灾荒不断、盗贼猖獗，弄得荒田万里，人烟渺无。其根源就是满汉的尖锐对立。看不到这一点，或者不愿改变这一点，那是极其危险的！"

他看了一眼下面的人，他们都静静地听着。这是事实，谁也不会有异议的。

皇太极接着说下去："现在摆在爱新觉罗的子孙们面前的有两条路。一是退回那白山黑水中去，退回深山老林中去，过我们祖宗过了几千年的日子。一是改变我们过惯了生活，把头脑换一换，那样，我们就会不只有一个巩固、强大的后金，还能把父汗的事业发扬光大，拥有整个中国！到那时，在座的每个人都是大中国的王爷！"

皇太极看到下面的人兴奋起来，不过也有人眼睛里透出怀疑的神色，以为他在编造一个引人入胜的神话。

"我想大家谁也不愿再回到老生活中去了，开弓没有回头箭，就是这

样！"皇太极不去管那几个摇头的人，继续说下去，"不过，那远大前程不是等来的，而是干出来的！千里之行始于足下，咱们先干什么呢？……古人说：'治国之首要，莫大于安民'，我们就从这里开始……"

接着他提出了"满汉不和，即国中肇乱之源"的观点。他说：后金国中多数是汉人，与占多数的汉人不和睦相处，那还能希望天下太平吗？何况，将来我们还要统一华夏！那时，天下十之八九是汉人，朝廷治理的主要是汉人，我们怎么办呢？我想：使满人、汉人、各族人友好团聚，就是爱新觉罗的子孙们永远不能忘怀的大事！"

皇太极只几段话就把当前以及久远面临的头等大事说得简要而明了，说明他的思路已经清晰，而且十分成熟了。

没人起来反对，皇太极的论断就像泰山那样屹立在那里。

"治理这些汉人，用什么办法呢？"

皇太极向下面的与会者，向坐在他两边的三大贝勒望望，又等了一等，那意思好像在说："你们有好法子吗？有，就请提出来……"

可是，上下都木呆呆地望着他。

"兄弟们，大臣们，办法是有的，那就是现成的，可行的，汉人使用了几千年的老办法。治汉人要用汉法，不这样，怎么能行呢？……"

终于有人说话了，那人就在皇太极的身边，他是莽古尔泰。

"皇太极，不，大汗，你说：治汉人要用汉法，那，我明白。那么治满人呢？你不想把咱们满人的老一套全扔掉吧？"

"那，当然不会扔掉的……"皇太极回答。

"好。可我又要问你了，"莽古尔泰有点得意，"照你的意思说：治汉人用汉法，治满人用满法，那么治蒙古人、治回回人、治藏人……一定要用蒙法、回回法、藏法了？那你的中国不就乱成一团了吗？"

皇太极有点被咽住。

莽古尔泰仰头哈哈大笑，下面的与会者也趁机笑了个"人仰马翻"。

只有皇太极和代善两个人没笑。

代善在深深忧虑。他觉得皇太极的话是无懈可击的，先父的那一套已经走到了尽头。如果向远处、大处发展，那就必须改革。可是照皇太极的办法去改，乱也是必然的……

此时皇太极又说话了。

他说："五哥（莽古尔泰是努尔哈赤的第五子）说得很对。咱们就是那样办——治不同的民族，用不同的办法。可是我劝五哥别害怕，因为，现在或者将来最主要的就是我们满族和汉族关系，这件大事做好了，就等于把中国十之八九的事做好了，还会乱到哪里去呢！"

皇太极的话又镇住了全场。莽古尔泰眨巴眨巴眼睛，闭上了嘴。

这时后金的政体，基本上还是努尔哈赤遗留下来的四大贝勒议政。既然连他在内的四大贝勒和别的小贝勒们没有提出反对的意见，这几件大事就算是通过了。

皇太极立刻和他的朝廷制定了一系列的政策和策略。通过这一些列破旧立新的变革，皇太极稳定了自己的管理，为自己的大业奠定了坚实的基础。也正是因为他敢于大胆创新，才有了后来的大清王朝。由此我们可以看到，创新的力量是多么的重要。

历史是在创造中前进的，没有创造，就没有前进。凡是有作为的领导者，在其任职期间都想有所建树，都想使自己领导的事业有所创造，有所发展，有所前进。领导者的创意，必然要激发群众的创造性；领导者带给群众的新观念、新思想、新意识，会使社会或团体产生进步和发展的动力，鼓励他的员工朝着这个目标努力工作。这些人不是简单的创

第一章 皇太极对你说成功

新者，他们是具有远见的创新者。在我们长久的发展过程中，我们通常会逐渐局限于一种固定的思路中，最终限制了自己的发展。

现实生活中，人们的创新往往是一个曲折的过程。这一过程表现为几种形式：一是经过长时期的准备、积累和沉思而获得知识；一是组织大量人力、物力，做短时间的攻关和突破；再有就是长期地冥思苦想而不得结果，在不经意或思考其他问题时，突然间豁然开朗。后一种，即一下子使问题得到澄清的顿悟，就是所谓的直觉和灵感。

要具备较强的创新能力，不一定需要很高的智商，多抽时间思考、随时随地有创新的意识才是关键。所谓创新意识最重要的有以下两点：

首先，从不满足于维持现状。一旦满足于现在的状况，你就丧失了创新能力。创新是人类发展的主要源泉。不论情况进展得多么好，有能力的人都是不会满足的。具有创新头脑的人是不怕变革的。他们希望变革，因为他们知道，只有不断革新，才能在更高的起点上取得更大的进步。

其次，观察并仔细研究大多数人在一般情况下是怎样做的，而自己却换一个方式做。人有时会不自觉地跟着别人走，人家怎么做，自己也怎么做。要创新就不能那样，要有新花招，与众不同，推陈出新，超过别人。抛弃惯例，走新路子，勇于创新的领导人就是这么脱颖而出的。

寻找更好的做事方法便是永不停歇、满怀热情地攻关，不怀偏见地随时准备进行改革。在商业上，走在别人前面的一个最简单的方法是：今天表现最佳，明天要在此基础上更上一层楼。

我们都希望自己成为独一无二的杰出人物。我们都希望超越别人，做别人没有做过的事情。这是我们为自己设想的前景，我们必须为达到这个目标而奋斗。而这个奋斗的过程便是创新，不断地超越传统、超越他人，最终超越自己。

第二章

皇太极对你说  机遇

　　古语有云："取天下与守天下，无机不能。"可见机遇的重要性。机遇是我们一生中绝佳的时机和契机，凭借着机遇，就能够改变我们的现状，改变我们的命运。既然机遇如此重要，那么，我们应该如何面对呢？观古鉴今，皇太极在面对机遇时做出的应对，给了我们许多启示。

适时展示自己的实力

　　每个人的一生中，会遇到很多能改变命运的机遇，从某种意义上讲，机遇对每个人来说，都是平等的。但实际上，人生结果各不相同，究其根源，在于有些人能够抓住机遇，展示出自己的实力，进而获得机遇的青睐。

　　后金天命三年（明万历四十六年，1618年），在明清兴亡史上，是值得重视的一年。在这年，努尔哈赤公开声明同明朝彻底决裂，向明朝宣战，迅速发动了对抚顺、清河的战役，拉开了明清长达数十年的战争帷幕。在明清（后金）首次交锋，攻取抚顺之役中，皇太极向父亲出一计谋，一举获得成功。

　　天命三年，努尔哈赤恰好60岁，他已经建国三年，国势强盛，人心振奋，自感羽翼丰满，踌躇满志。适逢生日，举行祝寿，欢庆他事业的成功。皇太极和他的兄弟们欢欣鼓舞，轮番向父汗祝酒。努尔哈赤更是满心欢喜，欣然自得。在一片欢乐气氛中，畅论天下大势，同明朝开战，成了他们议论的话题，所有人都跃跃欲试，急不可待。

　　努尔哈赤借着机会大声宣布："今岁必征大明！"话虽说出了口。但是从何下手，包括努尔哈赤在内的众人虽然议论纷纷，却都没有头绪。当时，明朝在辽东东部修了漫长的一道边墙，把女真（满族）人同汉人隔开。究竟从何处打开缺口，突破边墙，诸兄弟议论不一，总是不得其法。

在这关键时刻，皇太极觉得是时候表现自己了，于是便向父亲和诸兄弟献上自己筹谋已久的计策。他说："抚顺是我们理想的出入之处，必须首先取得它。欲取此城，当以计取。在四月八日至二十五日，守城的明将游击（军职名）李永芳要大开马市。到那时，明军的边备一定松弛，趁着这难得的机会。我们可以先派50人扮成贩马的商人，分成五伙，驱赶马匹，进入城内，假装到市场贩卖马。接着，可派5000兵马夜行至城下，以发炮为号，潜伏城内的50人同外面的军队里应外和，内外夹攻，抚顺可得。攻下抚顺之后，其他城池就能不攻自破。"

努尔哈赤认真听取了皇太极的计策，不假思索，欣然接受了他的筹划，指令攻取抚顺。皇太极在献计的同时，主动请命，愿意先率领50精兵潜入抚顺作为内应，努尔哈赤也同意了他的请求。

明朝的抚顺城，是属于沈阳中卫所属的千户所，按当时建制，隶辽东都指挥使司与卫之下的地区边防机构。城建于洪武十七年（1384年），周围仅三里，但它是当时辽东城（今辽宁辽阳）以东的边防重镇，明与建州三卫往来的关键地区。城西距沈阳80里，西南距辽阳，西北距开原，均约200里左右，在防守与进攻上都与这些重镇成犄角之势。抚顺城东就是女真人的居住地，沿苏子河溯流而上，水陆两路都能直达努尔哈赤的大本营赫图阿拉。因此，抚顺城虽小，战略地位却格外重要。

四月十三日，努尔哈赤亲率2万步骑征明。大军出征前，他发布征明缴文，内书对明朝的"七大恨"，宣示全军，焚香告天，表示同明朝誓不两立的决心。

《清太祖高皇帝实录》中对于"七大恨"记录如下："大金国主臣

努尔哈赤诏告于皇天后土曰：我之祖父，未尝损明边一草寸土，明无端起衅边陲，害我祖父，此恨一也；明虽起衅，我尚修好，设碑立誓，凡满汉人等，无越疆土，敢有越者，见即诛之，见而顾纵，殃及纵者，讵明复渝誓言，逞兵越界，卫助叶赫，此恨二也；明人于清河以南，江岸以北，每岁窃逾疆场，肆其攘夺，我遵誓行诛，明负前盟，责我擅杀，拘我广宁使臣纲古里方吉纳，胁取十人，杀之边境，此恨三也；明越境以兵助叶赫，俾我已聘之女，改适蒙古，此恨四也；柴河三岔抚安三路，我累世分守，疆土之众，耕田艺谷，明不容留获，遣兵驱逐，此恨五也；边外叶赫，获罪于天，明乃偏信其言，特遣使遗书诟言，肆行凌辱，此恨六也；昔哈达助叶赫二次来侵，我自报之，天既授我哈达之人矣，明又挡之，胁我还其国，己以哈达之人，数被叶赫侵掠，夫列国之相征伐也，顺天心者胜而存，逆天意者败而亡，岂能使死于兵者更生，得其人者更还乎？天建大国之君，即为天下共主，何独构怨于我国也？今助天谴之叶赫，抗天意，倒置是非，妄为剖断，此恨七也！欺凌实甚，情所难堪，因此七恨之故，是以征之。"

誓师完毕，努尔哈赤将他的八旗将士分为两路：左翼四旗攻东州、马根单；右翼四旗由努尔哈赤直接指挥攻抚顺城。

大军按预计的布署进军。皇太极率领的扮作商人的50名将士已于十四日先在大军之前，赶到了抚顺，混入城内，大军统率的5000兵于当夜悄悄逼近城下。约定大军一到，即吹笳为号。十四日夜半，笳声打破了夜空的沉寂，接着炮火连天。潜入城的后金兵到处呐喊，放火，城内沸腾，人们都从梦中惊醒，惊慌失措。守城将领李永芳毫无戒备，大吃一惊，当他明白是怎么回事时，城内守军和百姓已慌乱得不可收拾，而城已处于后金的包围之中。在这种情况下，李永芳已是束手无策，只能

皇太极修建的宫殿

发动一切力量关闭了城门，但是这时，涌进城中的八旗官兵，已经不在少数了。

这时候趁混乱杀出城门的皇太极已经和大军会合，对于城墙坚固的抚顺城，皇太极并不主张强攻，但是这时李永芳已经集结了守城兵士和百姓在城头构建了一道很薄弱的防御工事。

皇太极不想硬攻，免除伤亡，他猜测李永芳的心理，以劝降为上。这时，他抓到一名汉人，命令他进城，给李永芳捎去一封劝降信，许以封官，结为姻亲。

李永芳接到劝降信后，看到混乱的形势已经无法控制，于是穿戴整齐，登上城南门垛口上，表示要投降，但李永芳心中仍然没有死心，试图借机拖延时间，待城中混乱平静后能够组织力量进行抵抗，所以就不开城门。皇太极见此情形，便下令攻城，后金兵竖云梯，蜂拥登上城墙，明兵不战自溃，不到一个时辰就登上了城头，一时城门大开。这时，李永芳终于绝望了，于是穿着官服，骑着马，从城里出来，向努尔哈赤投降。

同一天，后金兵攻取了附近大小城堡十余个，小村4000余个。皇太极献计成功，征明大军首开胜利记录。

皇太极作为努尔哈赤的儿子，一开始就站在了时代的风口浪尖之上，也正是在这样一种时代的大潮洗礼下，皇太极才有了更多的机遇。但是和皇太极处在同样环境下，甚至条件优于皇太极的皇子并不在少数，最终只有皇太极获得成功，究其原因，就在于皇太极能够抓住机会，展示出自己的实力。我们应该学习皇太极，在适当的时候表现自己。

在我们奋斗的过程中，机遇不会平白无故降临到自己头上，要想获得机遇，就要善于表现自己，这样机遇才会注意到你，从而来到你身边。皇太极就很懂得这个道理。在努尔哈赤的生日会上，众人都好像无头苍蝇一样在叫嚣着要攻取大明，但是只有皇太极一个能够看到战争的突破口，并明确地提出来。这样一来，在努尔哈赤和众多的子弟心目中，就形成了皇太极的睿智形象。在攻取抚顺的时候，皇太极智慧与勇猛并重，既能够深入虎穴率先进城，又能够审时度势劝敌方归降，可以说，皇太极在攻取抚顺这件事中，充分抓住了此次机遇，展示了自己的实力。

机遇在我们成功中有着举足轻重的地位。能够抓住机遇，适时表现自己能力的人，往往能够获得机遇；不懂得表现自己的人，别人也不会注意他，因此，也就不会得到机遇的青睐。

适当地表现自己和以不正当的手段吸引别人的注意是完全不同的。真正的自我推销必须是有创意的，需要良好的技巧。表现自己必须是光明正大的，不能打击或贬低别人的价值。

在机遇来临时，是最需要表现自我的时候。

著名的节目主持人杨澜正是抓住了成功的机遇，成为了中国家喻户晓的人物，她的名字连同《正大综艺》、春节联欢晚会一同深深地烙在了中国老百姓的心目中。作为一名当代大学生，她的成功颇具典范意义，是很值得剖析的。她的转折点来自应聘中央电视台《正大综艺》节目主持人。

　　在此之前，她只是北京外国语大学的一名普通大学生，并没有什么惊人之举。如果没有这次机遇的话，杨澜也可能会表现得很优秀，但绝不可能这么早、这么快，又是这么轰轰烈烈地成名。

　　正如杨澜在她的书中所说的那样："如果没有一个意外的机遇，今天的我恐怕已做了什么大饭店的经理，带着职业的微笑，坐在一张办公桌后面了。"而这个意外机遇的掌握，是靠着她善于表现自己而获得的。

　　这个机遇便是泰国正大集团结束了与几个地方台的合作，转向与中央电视台共同制作《正大综艺》。双方决定要挑选一位女大学生做主持人，杨澜也被推荐参加试镜。

　　说实话，杨澜起初并不被人看好，只是因为她的气质较佳，所以才能一路过关斩将杀入总决赛。据一位导演透露，虽然杨澜被视为最佳人选，但是有的人认为她还不够漂亮，所以是否用她尚不能确定。

　　最后确定人选的时候到了，电视台主管节目的领导也到场了，他们要在杨澜与另外一位连杨澜也不得不承认"的确非常漂亮"的女孩子中间选择一人，这将是最后的选择。杨澜的好胜心一下子被激起，她想："即使你们今天不选我，我也要证明我的素质。"

　　这次考试两人的题目是：一、你将如何做这个节目的主持人；二、介绍一下你自己。

杨澜是这么开始的："我认为主持人的首要标准不是容貌，而是要看她是否有强烈的与观众沟通的愿望。我希望做这个节目的主持人，因为我喜欢旅游，人与大自然相亲相近的快感是无与伦比的，我要把自己的这些感受讲给观众听。"

在介绍自己时，杨澜是这样说的："父母给我取澜为名，就是希望我有像大海一样的胸襟，自强、自立，我相信自己能做到这一点……"

杨澜一口气讲了半个小时，没有一点文字参考，她的语言流畅，思维缜密，富有思想性，很快赢得了诸位领导的赏识。人们不再关注她是否长得漂亮，而是被她的表现深深吸引住了。据杨澜后来回忆说："说完后，我感到屋子里非常安静。用气功的说法来讲，是我的气场把他们罩住了。"

当杨澜再次回到那个房间，中央电视台已经决定正式录用她了，这次面试改变了她的一生。

在机遇来临时，要有耐心，有恒心，一次不行，就多表现几次，在一个地方表现无效，就在多个地方进行表现。表现多了，被发现、被赏识的可能性就会增大。也只有懂得在机遇面前展示自己，才能够获得机遇的青睐，进而借机遇之风，扬起风帆，奔向成功。

不错过每一次机会

在人生的成功之路上，机遇的重要性不言而喻，面对机遇，我们要做的，就是抓住，牢牢抓住。并且，要抓住每一次机会，即使是很小的机遇，即使自己应接不暇，即使自己会冒着危险，都不能够成为自己错过机会的借口。

努尔哈赤建立后金之后，由于投降的人愈来愈多，八旗内部旗权膨胀而发生内斗，加上被征服的女真各部不安及遭遇辽东水灾等等，他为了转移汗国内的矛盾，获取更多的粮食与财富，决定向明朝发动战争。天命三年（明万历四十六年，公元1618年）四月，努尔哈赤一举攻陷重镇抚顺。

明朝辽东的巡抚得到抚顺失陷的消息，立即派兵来增援，努尔哈赤本想带着战利品回家，但皇太极与大哥代善主张乘胜杀敌，以竟全功。努尔哈赤同意了他们的请求，皇太极乃冒死冲阵，与强大的明军力拼，结果大败明兵，并随后追杀，大获全胜。这一战，明朝的"主将兵马，一时俱没"，而满洲兵得到"甲七千副，马九千匹，兵仗器械不可数计"。

抚顺一战不但缓和了努尔哈赤新建汗国的缺粮问题，平息了八旗内部争端，也增加了八旗贵族与官兵的作战信心，因为这是他们第一次与明军大规模正面作战，竟然获得如此的大胜利，而这次大胜利多少是与皇太极的分析战况正确有关的。

同年七月间，努尔哈赤食髓知味，再度出兵攻打清河，除了下令旗兵"八进八退"地猛攻，又用了人参、貂皮作诱饵，松懈了明兵的防守而取得了城池。

努尔哈赤接连攻陷抚顺、清河等城市，"天朝"决心要对这个叛徒施以惩处了。明廷下令征集国内山东、陕西、甘肃、四川等地大军，开往辽东，准备一举消灭努尔哈赤的势力。终于在万历四十七年（1619年）二月，由杨镐作总指挥官，带领号称四十七万大军（实际约十二万

人），分四路由沈阳等地出发，直捣后金都城赫图阿拉。

杨镐是商丘人，大明朝万历八年进士。在辽海道任职时曾率兵袭击蒙古炒花军队，大胜，而后垦荒屯田，大利边境。万历二十五年（1597年）任右佥都御史，奉命经略援朝军务。万历二十六年，明军在蔚山大败，杨镐败而不报，并且谎报军功，经查明后被罢职，以万世德取而代之。万历三十八年，复起巡抚辽东，多次指挥官军击败进犯的女真人和蒙古人。后退休回乡。万历四十六年，建州女真公开叛乱，兵破抚顺，经过大臣们联合推荐，明神宗再次起用杨镐为兵部右侍郎经略辽东。

此时，临危受命的杨镐将大军分成四路集结，但是这四路集结点之间相距四百余里，彼此很难呼应。偏偏在这时候，一向以沉得住气"著称"的明神宗这时却发威了。他像一个急红了眼的妇人一样，接连发出了催促进军的命令。被迫无奈的杨镐只好分令四路大军从宽甸、辽阳、沈阳、开原和铁岭之间一起出动，意图四面合围，最后向后金政权的都城赫图阿拉发起总攻。

明朝的四路大军中，以名将杜松率领的为主力军，总计兵力约三万人。不过明方的师期、出兵动向都事先泄漏。努尔哈赤知道明军"分兵合击"后乃采用各个击破策略，"凭尔几路来，我只一路去"，集中兵力先对付杜松一军。杜松急躁，星夜出抚顺关，渡浑河，沿苏子河攻向赫图阿拉。皇太极则在父兄的配合下，集合八旗大军六万人，与杜松军在萨尔浒山地区发生了遭遇战。

萨尔浒，汉译名叫做"碗架"。建州女真中有萨尔浒部落，早几年就被努尔哈赤吞并了。作为地区，在今辽宁省抚顺东大伙房一带。地处浑河上游与苏子河合流处。萨尔浒西距抚顺七十里，东距赫图阿拉百多里。东北靠近铁背山。铁背山上有天命三年后金在吉林崖上筑的界凡城。努尔哈赤把它当作后金的门户。

万历四十七（1619年）年二月二十九日杜松率军从沈阳出发，星夜出抚顺关，他想在萨尔浒山下停一下，然后沿着苏子河转向赫图阿拉。

一出沈阳城，他们就被抛在了冰天雪地中。队伍再也不是一伍一列地前进，爬过几道丘壑就乱成一团。他们不是故意这样，因为大雪蔽地，使人摸不清地形。看似平坦大道，却是一道山沟，看似结实的山脊，却是无底的雪岭，人马滚下山坡、陷进雪谷，有的能够挣扎出来，有的却被埋在沟底，要等明年大雪融化时才能看到尸骨……还没走出多远，各部已经伤亡惨重了。

历尽千辛万苦，杜松到达了苏子河。当杜松大军正在渡河时，八旗兵突掘坝放水，将明兵分隔东西两部，杜松当时已过河，便下令军队包围河畔的吉林崖，企图据有高地立营，控制战局。不过皇太极等人率领的旗兵近四万人，发动攻击，先包围歼灭了苏子河西萨尔浒地区的明军，然后再集中兵力围攻东岸明军，主将杜松以下大约一万多人都在战斗中阵亡，这就是历史上著名的萨尔浒山大战，这场战争为后金旗兵奠定了胜利的基础。

杜松的残余部下有逃脱的，后来参加了北路军马林的部队。马林原先是经由开原、铁岭路线，从北面进攻赫图阿拉，知道杜松一路已被击败，他便下令转攻为守，分别驻营于尚间崖、斐芬山、斡珲鄂谟等地，营地前都列大炮又密布骑兵。皇太极在歼灭杜松大军后，立即跟着父亲来攻打杜松部下龚念遂等将官的营地，踏进了马林的防区。他一马当先向斡珲鄂谟地区猛攻，打得明兵溃不成军。同时由代善、阿敏、莽古尔泰等人率领的八旗兵，向马林的尚间崖、斐芬山展开激战，结果是击败明兵，马林仅以身免，明兵死伤惨重，使尚间崖下"河水皆赤"。萨尔

浒山的第二场大战，后金兵又取得了胜利。

明朝的东路军由勇猛著称的刘綖率领，并得一万多名朝鲜军队的助攻，原本是想由宽佃方面进攻后金都城的。可是一则因路远、天候等因素稍延了军期，同时朝鲜军队又表现得极不配合，减少了战斗力。加上努尔哈赤父子已解决了杜松与马林的攻势，摧毁了明军的主力，全军返回了都城赫图阿拉，集中全力对付刘綖，明朝东路的失败是注定的了。

如果刘綖不停兵而勇往直前，如果刘綖不中努尔哈赤与皇太极的诈称杜松未死而已到赫图阿拉的诡计，明军可能取得赫图阿拉，因为旗兵都倾巢而出，迎战杜松等人去了。努尔哈赤返防又设下陷阱，让刘綖走进被旗兵四处包围的阿布达里冈，最后被埋伏在山头、林中、溪谷各地的满洲兵四出攻击，皇太极等又从山上往下驰击冲杀，刘綖虽以最大勇气与毅力坚持作战，左右手臂先受刀伤，最后则引爆火药自焚而死。

明朝的南路军因其他三路战败也奉命回师了，萨尔浒山三场攻守大战在五天内就结束了。清朝官书里说："自古克敌制胜，未有如斯之神

沈阳故宫

者也。"而这次战争使满洲人的后金汗国掌控了辽东的主位，明朝从此只有防守而无法主动出击了。

据说萨尔浒山之战明朝文武将吏一共死了三百多人，士兵阵亡人数高达四万五千多，马匹枪炮损失无数。皇太极自始至终参与了三场大战，他献智献勇，每战必胜，确实建立了奇功。

在萨尔浒战役之后，明朝和后金的军事地位发生了逆转。在这场决定后金命运的战争中，皇太极立功心切，表现得十分勇敢。此次战役，明朝四路大军，三路尽没，皇太极参加了对被歼的三路明军的全部战斗。在战斗过程中，他主动请战，冲锋陷阵，事事不甘落后于比自己更有战斗经验的兄长们，得到了父亲的信任和赞许。在此之后，作为父亲的得力战将，皇太极在整治道路上也开始了大踏步前进。

在萨尔浒之战中，皇太极抓住了每一次细小的机会，参加了全部的战斗，在皇太极能够真正参加战斗之前，他的哥哥们已经有着赫赫战功了，想要赶超兄长，在父亲面前打下基础，就要更加努力地表现自己，于是在战斗中，他总是冲锋在前，经过三次战斗的胜利，加上之前他的智谋的展现，皇太极成功的奠定了自己的威信和战功基础，为将来的事业发展打下了基础。在面对机遇时，皇太极没有错过任何一次机会，所以他能很快地走向成功。我们应该像皇太极一样，把握住人生中的每一个机遇。

如果将我们的能力比作是敲门砖的话，那么机遇，就是开启那扇半闭门的钥匙。没有机遇，即使有着通天能力，也只能徘徊在门外。这就要求我们要认真对待机遇，把每一次机遇都当做自己生命在转折，牢牢抓住，不放过每一次机遇。

人生是一段漫长的旅途，在人生的道路上，我们想要获得成功，

第二章 皇太极对你说机遇

就要注意把握机遇，即使是看起来很小的发展机会，我们都不能错过，轻易放弃。机遇一旦被发现，就要牢牢抓住，借此为契机，发展自己。尽管在客观事实上，谁都不可能真正地把握住每一次机会，但是，只要在机遇面前，努力争取过了，在今后的岁月中就可以不带遗憾地坦然面对。

皇太极能够在众多的兄弟角逐中最终夺得成功，能够在天下的争夺中获得胜利，其实就在于他这种抓住每一次机会的态度。在我们的生命中，也许已经错失了一些机遇，但机遇仍然是存在的，在今后的日子中还是会到来的。我们要做的就是不断努力，发展自己，在今后的岁月中，毫不犹豫地抓住人生的每一次机会，实现自己人生的价值。

敢于冒险，才能抓住机遇

"不入虎穴，焉得虎子"，是善于抓住机遇的最佳写照。想抓住机遇，又不想担当风险，几乎是不可能的。成功的人总是在时代的浪潮中，搏击风浪，站在浪潮的前沿，在风险中博取事业的成功。

在女真族崛起的过程中，蒙古察哈尔部与喀喇沁部等都是作为明王朝北边长城的辅助防守力量而存在的。明王朝每年花费数百万的金银、绸缎以赏赐交换的方式资助蒙古察哈尔部与喀喇沁部，而作为回报，察哈尔部与喀喇沁部停止对明朝边境的侵袭，并且帮助明王朝防止后金势力向西发展。数十年来，皇太极和他的父亲努尔哈赤屡次受阻于山海关外而无计可施。

但是现在情况发生了变化，察哈尔部退败了，后金已经成为蒙古各部的领袖。偌大的蒙古草原已经任由皇太极驰骋。横刀立马，阳光将皇太极的铠甲照耀得十分光亮，他的骏马迎风飞扬着长长的鬃毛。就是在这样一个时刻，皇太极突然发现，其实攻破山海关并不是后金唯一的选择。除了这座关城之外，后金还有第二条道路可选，就是假道蒙古，径直越长城而入，直扑北京。

放眼望去，长城蜿蜒盘旋在崇山峻岭间，皇太极的眼角不禁浮出略带几分嘲讽的微笑。那个住在紫禁城中养尊处优的皇帝，真的以为靠长城就能永远将自己阻拦在关东吗？那么现在，自己将要让他失望了。

这是一招险棋，但是有时就要棋走险招，才能攻其不备，出其不意，出奇制胜。

为什么说假道蒙古是一招险棋呢？这里有两个原因：

首先，现在的蒙古诸部虽然纷纷投入后金的怀抱，但是其中的原因大多是反对察哈尔林丹汗，而不是反对明王朝。如果真的有一天，皇太极宣布要假道蒙古进攻大明，有谁敢保证所有的蒙古部落会给予积极的响应？毕竟，要想让成吉思汗的子孙完全臣服并听从驱使并不是件容易的事。

这第二险，就险在袁崇焕身上。若在皇太极将后金军主力调出、放手一搏之时，被袁崇焕乘虚而入、抄了大本营，岂不是得不偿失？

但是以目前的状况而言，放手一搏虽然未必就能攻占北京，但一定能够迫使袁崇焕回援，并在一定程度上扰乱袁崇焕的五年复辽大计。

天聪三年（1629年）农历十月初二，皇太极率领大军正式起行。出沈阳，西北行，渡过辽河、巨流河，经都尔鼻（今辽宁省彰武县），进入内蒙古科尔沁草原，与东北蒙古军会合，然后继续西北

行，到达青城（今内蒙呼和浩特），再与喀喇沁蒙古军会合。这是他全部的行军路线。

事实证明，皇太极选择了一条除山海关之外进攻北京的最佳路线。一路之上，不断有蒙古部落前来会合。初五，奈曼、敖汉、扎鲁特三部到来。初六，巴林部到达。十五日，科尔沁部到达。

距离明王朝北部边境越近，就表明离后金本土越远，大贝勒代善与三贝勒莽古尔泰等人心中的顾虑也就越重。当初远征朝鲜的做法就像诸葛亮唱空城计，现在后金军主力再次出兵远袭、孤军深入，袁崇焕是否会像第一次那样轻易地放过这个机会？如果坐镇宁远的袁崇焕此时渡过辽河，袭击守备薄弱的沈阳，后金大军来不及支援，后果将不堪设想。父汗和自己两代人以血战所开拓的基业很可能就此毁于一旦。

而蒙古各部落虽然大部分归服，但是察哈尔部林丹汗仍然虎视眈眈，伺机而动。如果明朝与察哈尔部联手，加上刚刚遭受后金铁蹄蹂躏的朝鲜与明朝遥相呼应，那么后金一定会陷入敌人的四面包围之中。这些都令大贝勒代善与三贝勒莽古尔泰担忧。

然而，皇太极却坚信，袁崇焕不但不会趁机袭击沈阳，反而会被明帝召回勤王，防卫京畿。这样一来，此次不远千里绕道突袭的目的也就达到了。至于蒙古察哈尔部林丹汗，与明王朝虽然曾经有过结盟，但林丹汗的贪婪无知，就决定了他不可能再与明王朝重归于好。而朝鲜此时已颓废不堪，无力对后金造成威胁。

相比之下，倒是已经陆续归服的蒙古诸部让皇太极不能完全放心。在他率军离开沈阳的第五天，蒙古巴林部贝勒色特尔色棱便率兵来会。但是，色特尔色棱所部缴纳的马匹却都十分瘦弱，不堪骑用。皇太极不禁大怒，在生死攸关的战场上，任何一点儿闪失都可能成为被敌人利用的机会，更何况是将士们的坐骑。是无奈之举还是存心敷衍，皇太极的心中打了一个大大的问号。

十月十一日，大军抵达辽河。皇太极命将士们在波涛翻滚的辽河岸边安营，召集蒙古诸贝勒集议色特尔色棱之罪。

蒙古诸部贝勒虽然心中也怪罪色特尔色棱不该携带劣等马匹前来会师，但与色特尔色棱毕竟有同族之谊，所以大家都不愿意眼睁睁地看着色特尔色棱受到重罚。但是，慑于皇太极的权威，也不敢公开地替色特尔色棱辩解，因此最终只得将对色特尔色棱的处罚拟定为罚马十匹。

皇太极看出了蒙古诸贝勒心中的不情愿，此事若是放在平时，他定会不依不饶，一定逼这些在座的蒙古王公们修改这个不疼不痒的决定。而如今大战在即，自乱阵脚是兵家之大忌。为了避免使蒙古各部产生怨恨和离心。皇太极下令将色特尔色棱所缴马匹退回，格外开恩允许色特尔色棱随同大军一同前行，并准他同众人一起朝见议事。而关于他犯的错误，等到班师回朝时再行集议。

蒙古诸贝勒喜出望外，一齐站起身来，向皇太极叩首谢恩。

十月十五日，历来对皇太极忠心耿耿的科尔沁部土谢图汗率二十三贝勒前来会师，皇太极亲至军营外三里相迎。双方相见时，共同下马行三跪九叩头大礼叩拜上天。回到军营后，皇太极又与土谢图汗行抱见大礼以示特殊的礼遇。随后，皇太极命举行盛大的宴会，款待土谢图汗和蒙古诸贝勒。

这是后金军第一次入关作战，皇太极表现得格外谨慎。十月二十日，大军到达蒙古喀喇沁部喀喇城时，皇太极下令传谕全军：不得虐待降民，不得侵扰百姓，不得奸淫妇女。违令者杀无赦。不得抢人财物，不得毁人房屋，不得践踏农田。违令者从重鞭打。另外，不要随便吃汉人的食物，不要随便喝汉人的酒，以免中毒。

满、蒙联军遵从皇太极诏令，沿途秋毫无犯。十月二十七日，皇太极命阿巴泰与阿济格攻打明龙井关而克，随后毁水关而入明境。皇太极命莽古尔泰和多尔衮攻打汉儿庄城，大军压境，汉儿庄城不战而降，城内降民尽行剃发以示归顺。诸贝勒夜宿城中衙署，将士们纪律严明，未动百姓一草一木。

十月三十日，后金军向遵化城方向前进。皇太极致书遵化守将劝其归降，并在信中表达了对曾经大肆屠杀辽东汉人之事的懊悔之情。

十一月初一，素有名将之称的山海关总兵赵率教率四千人前来增援遵化。但是因为长途跋涉，加之寡不敌众，部队陷入满、蒙联军重重包围之中，最终全军覆没，赵率教阵亡。

与此同时，不出皇太极所料，袁崇焕率宁远明军奉旨回援。随后，皇太极与袁崇焕这对较量了多年的对手，终于在明都北京展开了一场正面血战。

在这次交锋中，皇太极并不急于一下子吞下大明朝这个巨人，因为他知道路要一步一步走，所以在经过一番掠夺之后，就率大军退去。但是总结战果，皇太极此次获得了巨大的成功，且不论掠夺得到的钱财物资，皇太极在这次战争中，用反间计离间了崇祯帝和袁崇焕，最终崇祯帝杀死了袁崇焕，大明"长城"不攻自破。并且，最重要的是皇太极用自己的行动证明了一点，山海关虽是天下第一关，但是雄关并非牢不可破，自己完全有能力突破大明防御，大明朝也第一次体会到了大军压境的恐惧。

在这次作战中，皇太极其实是棋走险招，冒着巨大的风险。但是在蒙古归顺、形势大好的时候，必须顶住风险的压力，才能够抓住机遇，奔向成功。

那些目光敏锐、头脑有准备的伟人、创业者，总能审时度势地抓住机遇，取得成功。"商品"这个资本主义的产儿，自资本主义社会诞生之日起，就经常和人们打交道，走进千家万户。由于司空见惯，没有人对它特别注意。然而，马克思却紧紧抓住了它，并花费毕生的精力研究、剖析它，从而揭开社会主义的内幕和秘密，写出了巨著《资本论》。

因此，只要善于抓住机遇，并学会充分利用它，成功之路就会出现在我们面前。比如上海的杨怀定靠"金融意识"，勇闯股市，发了大财。他的妻子攒下了5万元钱，如果存在上海银行，一年利息3600元；如果存在金融改革试点城市温州，一年可以多得到2400元。于是杨怀定决定将钱存到温州去，但他买了车票却没去。为什么呢？因为他听说从4月21日起，上海可以自由买卖国库券，于是他又有了新打算。1985年的国库券，每百元挂牌卖出价108元，买进后需等两个月，每百元可赚37元。这要远远高于温州的储蓄利息收入。他当下买进了2万元。一转眼，国库券行情每百元又涨了4元，他立即又卖给银行，转手之间赚了许多。旁人认为"这是投机"，杨怀定说："这是金融意识。"这种"金融意识"使杨怀定在炒国库券、炒股票中不断获利，最终成为了百万富翁。

因为杨怀定抓住了我国经济改革的机遇，所以他能够顺势发展，取得成功，并发财致富。机遇时时刻刻都存在，只有那些善于发现的人，才能得到机遇的眷顾。

韩国的综合国力曾位居亚洲"四小龙"之首，在近20多年以来，始终保持快速发展。在激烈的国际竞争中，韩国审时度势，摸索出很多出奇制胜的"绝招"。在开拓国际市场时，韩国大公司往往是"明知山有

虎，偏向虎山行"。可以说，国际上对哪个国家或地区实行经济制裁，韩国公司就把"触角"伸向哪里，韩国企业家这种敢于冒险的勇气值得钦佩。

在非洲，美欧等西方国家以打击国际恐怖活动为由，对利比亚长期实行经济制裁，西方企业家和商人大都认为，同卡扎菲打交道凶多吉少，避之唯恐不及。韩国大宇公司却乘虚而入，与利比亚有关部门签订了总额达35亿美元的建筑合同，令同行们垂涎三尺。在东南亚，美欧诸国一直对越南实行经济封锁，致使越南同西方国家没有多少经济往来。韩国的金星公司便趁机填补这一"真空"。越南穷得丁当响，无力支付进口费用，金星公司便同越南进行易货贸易，以积压的彩电换取越南的天然橡胶。大宇公司甚至把"触角"伸到了朝鲜北方，这样，有的工厂产品连"朝鲜制造"的商标都不用改。

这些大公司为什么要冒险，做别人不做的生意？大宇公司董事长金宇中说："我到哪里都闻到钱的味道，越是不安全的地方，获得的利润越大。"他解释说："我并非盲目冒险。"比如，在利比亚，大宇公司在签订合同时向利比亚当局强调：这是别人不愿意干的工程，因此标价要高，而且要预付一部分工程款，以免承包商遇到意外的情况时赔本。利比亚当局没有多少选择余地，只得答应大宇公司的要求。况且在很多情况下，有风险，也就有机遇。

机遇与风险并存，只有敢于冒险的人，才能够抓住机遇，取得成功。而胆小慎微的人，即使机遇就在眼前，也不敢上前，只好眼看着机遇从面前消失。

时机不到，不能急于求成

俗话说："心急吃不了热豆腐。"说的就是凡事不能心急，正所谓欲速则不达，想要获得最终的成功，就要能够耐心地等待时机，在时机到来的时候，不断积累条件，等到时机到来，才能够一举获得成功。

皇太极先后多次对明朝进行征讨。第一次为天聪三年（1629），第二次为天聪八年（1634）。此后，皇太极又发动了第三次、第四次征讨明朝的战争。第三次扫京畿，第四次荡冀鲁。

对明朝这样一个大国，皇太极深知不能一口吃掉它。皇太极接受了努尔哈赤的理论，即对明朝要"留干伐枝"，逐步进逼。皇太极知道，征服明朝必须采取"避实击虚、留干伐枝"的战略思想，消耗明朝的有生力量，掠获明朝的人口财富，逐步逼近消灭明朝的大目标。第三次扫京畿、第四次荡冀鲁，就是这个战略思想的具体实践。

第三次扫京畿之战。

崇德元年（1636）五月二十七日，太宗在翔凤楼召见出征统帅和将领。亲王将领、贝勒大臣分列左右，听取太宗面授出兵方略。皇太极谆谆告诫："尔出征王贝勒大臣，凡师行所至，宜公同计议而行，切勿妄动。尔诸臣遇残破城池及我兵前所攻克良乡（今北京市良乡镇）、固安（北京南固安）等城，如欲进攻，度可取则取，不可取则勿取。各以所见，明确言之。倘不明言，恐日后追怨，辄私相议曰：'我曾如此言之，但言而不听耳！'夫初未明言，及事后而谓曾有是说，其谁信之？今若各抒所见，明确言之，而众人犹有争论不决之处，宜听武英郡王（阿济格）剖断，毋得违背。朕观凡人进兵时，多始慎终怠。所以有疏虞之患，能于此处念之不忘，庶乎其可矣。又我国新附之人甚多，先征大同、宣府时，每牛录分取男妇及牛，诸将互相争竞，以致所获不均。此行若多所俘获，每牛录派取男妇六人，牛二头。其附满洲牛录下蒙古贝勒之人及内外新编牛录内者，亦照此派取。"

这里皇太极主要强调了三点：一是"避实击虚"，强调"如欲进攻，度可取则取，不可取则勿取"；二是"各抒所见"，强调开诚布公，表明观点；三是有始有终，强调"不要始慎终怠"，要善始善终。

五月三十日，清太宗皇太极亲自为出征将士送行。皇太极出了抚近门，首先到堂子行礼。堂子外排列护军八纛，仪仗队吹海螺角和蒙古大号，太宗从堂子里出来，向天行三跪九叩首礼。然后，皇太极亲自将将士送到演武场，并不断嘱咐、教导他们。

一个月后，清太宗估计阿济格率军已经到达长城脚下，决定另派一支大军进攻山海关。他对各位王贝勒说："多罗武英郡王统兵往征明朝，今将出边，宜别遣大军往山海关进发。明朝知我兵至，恐山海关有失，必来救援，武英郡王庶得乘隙从容出边。"他采取声东击西的战术。任命和硕睿亲王多尔衮、和硕豫亲王多铎、多罗贝勒岳托、豪格，以及固山贝子、诸大臣，率大军往征明朝。兵分两翼，于八月十二、十三日先后启行。皇太极明确指示，多尔衮率领右翼兵，由中后所入，逼近山海关；多铎率领左翼兵，由锦州入，逼近山海关。

阿济格率领八旗十万将士，兵锋指向明朝的京畿地区。七月十九日，他在给太宗一份战况奏疏中说，大军于六月二十七日分作三路入边，两黄旗自巴颜德木入，两白旗、正蓝旗自坤都入，两红旗、镶蓝旗自大巴颜入。入边的第八天，在京畿延庆州（今北京市延庆县）会合，先攻取近处的长安岭堡、雕鹗堡。七次打败明军，俘获人畜一万五千余。

清军经过延庆进入居庸关，取昌平，直逼京师。七月初七日，清军进抵昌平城下。城内的降人做内应，昌平城立即陷落。明总兵巢丕昌投降，他是这次战役中归附清朝的唯一的明朝高级将领。随后，清军自西山南趋良乡（北京良乡镇）。两天后，移兵沙河、清河镇，昌平的降兵也一同到达北京西直门。

崇祯皇帝开始恐慌，"命文武大臣分守都门"，决定采取固守城池、伺机出击的作战方针。京师和战事波及的地方，基本上按兵不动，即使有出击的机会，也不敢一战。

此次战役，阿济格遵照清太宗皇太极制定的"避实击虚、留干伐枝"作战方针，暂时保留明朝京师这棵主干，而着力砍削其周边的枝杈。阿济格指挥大军，围绕京师，灵动自由，随机应变，展开了对明朝的消耗战。城池易攻则攻，难攻则弃。不胶着一地，不留恋一城。

基于此，清军迅速离开沙河和清河。于七月十五日，攻克宝坻，杀知县赵国鼎。二十一日，占定兴、克房山、掠涿州、攻固安、入文安、略永清，扫荡了北京的西南；又分兵攻郭县（北京通州）、逐安、雄县、安州、定州。又转攻香河，直插北京东北的顺义，至怀柔，陷西和，兵锋又南指河西务。到八月十九日，清兵分屯密云、平谷。在一个多月的时间里，清军紧紧围绕京师，"遍蹂畿内"，凡城池堡镇无不攻击、抢掠。阿济格向太宗报告："我师所向，明人振詟，莫敢逆拒。遂直入长城，过保定府，至安州，克十二城，凡五十六战皆捷，生擒总兵

巢丕昌等，俘获人口牲畜十八万。"

这次扫荡京畿，达到了预期的目的。

第四次荡冀鲁之战。

崇德三年（1638）八月二十三日，清太宗发布征明的命令。命睿亲王多尔衮为奉命大将军，统左翼军，以贝勒豪格、饶余贝勒阿巴泰副之；命贝勒岳托为扬威大将军，统右翼军，以安平贝勒杜度副之。分两路征明。他召集出征诸贝勒大臣等，"宣示军律"。

过了四天，八月二十七日，扬威大将军贝勒岳托，率右翼军起行。清太宗亲自送出抚近门，谒堂子，拜纛，行礼。至演武场，清太宗赐岳托扬威大将军印，岳托率众行礼毕。清太宗复召至御前，亲授方略，赐茶。然后，步送里许。岳托得到了最高规格的欢送。

九月初四日，奉命大将军睿亲王多尔衮，率左翼军起行。清太宗也像欢送岳托一样欢送了他们。

两翼军出征之后，清太宗也与其配合行动。九月十三日，清太宗即向诸王大臣宣谕："明人闻我二路进兵，则山海关以东、宁远、锦州兵，必往西援。朕将率郑亲王济尔哈朗及贝子大臣等，亲率大军前往山海关一带，牵制其援兵。"这是说，此时清太宗已经决定出兵山海关，以牵制明军的军事行动。

此后，清太宗命令清军分三路，陆续开拔，向山海关一带进军。第一路，是三顺王大军先行。命恭顺王孔有德、德顺王耿仲明、智顺王尚可喜各携红衣大炮等启行；第二路，命汉军大臣石廷柱、马光远运炮位火器启行；第三路，于十月初十日，清太宗率济尔哈朗、豫亲王多铎等统大军向山海关进发。

大军一路战斗，于十月二十六日，绕过锦州，到达锦州南部。

十一月初三日，大军向山海关挺进。十一月初四日，抵达连山堡（今锦西）。十一月初九日，清太宗统兵至中后所（今绥中）。明朝守将祖大寿收兵进入城内，不与出战。

清太宗没有恋战，十一月十二日，自中后所城班师。于二十八日，回到沈阳。

清太宗在将近两个月的时间里，在邻近山海关外的区域，同明军进行了多次小规模的战斗。这些战斗，目的是牵制山海关外的明军，使他们不能西顾关内。为两翼军扫荡冀鲁，创造有利的条件。这个目的是达到了。

岳托的右翼军一路进展迅速。扬威大将军贝勒岳托，率右翼军于九月二十二日，从明朝密云县东北的长城关口墙子岭口，拆毁边墙突入长城。此时，明朝总督吴阿衡率兵六千来援，见八旗兵已经进入边墙，即率数百人退入墙子岭口城堡。在城堡外，分步兵骑兵为三队，负岭立寨，同八旗兵对抗。

在城堡外，明军同右翼军起初打了三仗。第一仗，明朝一副将率兵二千，迎战谭泰部队，明兵战败；第二仗，明朝一守备率兵一千余，迎战贝勒杜度，杜度督率汉军击败了明军；第三仗，蒙古八旗兵喀喇沁部击败明兵一队。又追击溃兵，俘获一个哨卒，询问得知，"墙子岭坚不易拔"。但是，又得知"惟岭东西两旁高处，可以越入"。这是一个极为重要的情报。

此三仗打击了墙子岭口外明军的有生力量，为进攻墙子岭准备了条件。同时，也得到了有效地攻破墙子岭城堡的重要情报。于是，杜度决定智取墙子岭，下令兵分四路：第一路由护军将领图赖率领，从岭之右侧，徒步跨越高峰。图赖迅速攻占了十一个敌台；第二路令阿岱、恩格图等率兵在距离岭五里自高山入；第三路命谭泰、都类两旗护军骑兵在距离阿岱等十五里处，于高峰无边墙处，同时攻入；第四路命巴特玛率本旗兵，会同蒙古八旗兵、汉军八旗兵，都从该边城东小门平坦处，举火炮，竖云梯，强行进攻。这一仗，明总督吴阿衡战败身死。清军攻入了墙子岭城堡。

多尔衮的左翼军亦战绩不俗。奉命大将军睿亲王多尔衮，率左翼军于九月二十八日，自东家口东二十里，青山关西二里许，徒步登上山冈，由边墙残破处，率兵进入边墙。青山关岭峻墙坚，易守难攻。此时，清军向当地人打探。当地人说，关内本来有明兵二百防守。听说清军在攻打墙子岭，已于二十五日去往增援，现在关内空虚。左翼军"乘其无备，毁墙而入"，占领了青山关。接着，又攻占了东家口、青山营。

右翼军和左翼军在进入长城之后，基本上没有遇到明军像样的抵抗。

崇祯帝面遇强敌，束手无策。十月，京师戒严，急调各路人马入援。崇祯帝召见大臣，询问应敌方略。大臣意见分歧，迟迟不能统一起来。面对铺天盖地的清军，崇祯帝只有龟缩在北京城内，乞求上天的保佑。崇祯帝的方针是，只管北京城的安全，其他各城只好听天由命了。

两翼军在通州河西会师，然后兵锋指向北方。由燕京北边绕过燕京西部，直插涿州。在涿州，两翼军为了在最短的时间内，取得最大的战果，便分兵八路，各自行动。一路向西，沿太行山行动；一路向东，沿运河行动；另外六路，在太行山与运河之间，长驱并进，机动扫荡。

睿亲王多尔衮的左翼军向"燕京迤西，千里之内，六府俱已蹂躏，至山西界而还"。又掉转马头，到达临清，乘船渡过运粮河，攻破山东济南府至天津卫之间的城堡。共攻克城堡四十余座，投降城堡六座，败敌十七阵，俘获人口二十五万七千八百八十人。

贝勒岳托的右翼军，从燕京西至山西界，南至山东济南府，共克城堡九座，投降城堡两座，败敌十六阵，杀明总督两名，及守备以上军官一百余名，生擒亲王一名，郡王一名，奉国将军一名。俘获人口二十万零四千四百二十三人，金四千余两，银九十七万七千四百两。

左翼军在取得胜利后，迅速东归。崇德四年（1639年）二月，睿亲王多尔衮率左翼军到天津卫，渡过运河东归。三月，从迁安县凯旋，出青山关。于三月初七日全军越过边墙，回到辽东。

右翼军出明朝边墙青山口，遇到明军的阻击。经过激战，亦于三月十一日，全军越过边墙，安返辽东。

清太宗皇太极命睿亲王多尔衮、贝勒岳托率两翼军，第四次入关征讨明朝，这对明朝是一个空前沉重的打击。清太宗天聪三年（1629年），第一次率军进关，仅限于北京城及城北部分地区；天聪八年（1634年），第二次入关，只到了宣府、大同地区；崇德元年（1636年）五月，第三次入关，于京畿一带盘旋。唯有此次，是以广阔的中原地带为进兵目标，围绕北京，扫荡冀鲁，兵锋所向，横行无忌。"旌旗所指，无不如意"。入关达半年，"转掠二千里"。从而，极大地消耗了明朝的有生力量，极强地摧残了明朝的精神屏障。清军营造了一个战无不胜的神话。此时在精神上，明朝已经缴械投降了。

皇太极几次作战并不急于一下子打垮明朝，而是一点一点地消耗明朝的实力。并不是皇太极喜欢这种猫戏老鼠的游戏，只是皇太极懂得，时机不到的时候，是不能够硬性地进行突破的，只有等待时机成熟，才能够瓜熟蒂落，水到渠成。事实也证明了皇太极是正确的，在不久之后，趁着明朝内部如火如荼的农民起义，皇太极一举吞并了明朝。

皇太极的成功与他的"心机"是分不开的，从古至今，成功的人，

第一章　皇太极对你说机遇

多是有"心机"的人，他们总是善于观察、巧于布阵、精于摸底，然后耐心等待着时机的到来。时机不成熟的时候，他们能够做到见好就收，等到时机成熟的时候，他们就会如下山的猛虎一样，把握住机遇，谋取自己的成功。

做事不可急于求成。人一急躁必然导致心境的浮躁，心浮气躁就不能冷静观察形势，也就不能体会到时机，更不能进行细致的分析，最终会导致失败。

人的成功之路如同一条漫长的旅游线路。终点是你期盼已久的美丽风景。在出发前，你必须做好充分的准备。最实用的地图、简便的帐篷、合脚耐磨的运动鞋、救急用的药品、食物饮水等等。等你一切准备就绪，坐上旅游专线车，你的心被目的地的美景塞得满满的，而无心欣赏路边的风景，但这路上的时间你仍要耐心地等待。即使心急如焚，无法按捺自己的兴奋，甚至要唱起来，也仍要等待……对于每个人来说，要想成就大业，急于求成会一无所获。只有有耐心的人才会赢得成功与未来。

有人说过，世界上只有两种人，这两种人用一个简单的实验就可以区分开来。假设给他们同样一碗小麦，一种人会留下一部分用于播种，然后再考虑其他问题；而另一种人会把小麦全部磨成面，做成馒头吃掉。

在现实生活中，每个人都渴望成为一个成功的、优秀的人，只不过在馒头的引诱下，太多人失去了忍耐的性子。成功是要讲究储备的，储备的东西越多，成功的机会就越大，就能走得更远。成功的路是遥远而艰辛的，路边的每一具尸体都曾是一个在起点上充满信心、跃跃欲试的活生生的年轻人，他们也对未来充满了向往。口袋里的馒头固然可以使他们在启程后跑得飞快，然而，几个馒头岂能支撑这漫漫人生路？

　　成功的道路漫长而曲折，所有人都希望能够尽快得到成功，这时就容易犯急于求成的毛病。有些人一遇到事情，就恨不得马上加以解决，殊不知这样的情况下往往会适得其反，不仅毫无益处，还可能会把事情搞得一塌糊涂。无论多么期待成功，都要耐心等待时机的到来，就好像皇太极，期待着征服大明朝，却在时机到来之前，每次都能做到见好就收，直到时机到来的时候，才做最后一击。须知一口吃不成胖子，我们在自己的发展之路上，也要耐心等待时机的到来。

第 三 章

皇太极对你说 管理

　　人类作为一种具有社会属性的群体，在日常生存和发展中，离不开相互之间的集体协作。在这种合作的过程中，管理的作用至关重要。管理作为协调人与人之间合作关系的有效手段，被管理者所重视。自古至今，成就事业的领袖，往往有着极强的管理能力，管理之道也日渐受到人们的重视。观古鉴今，皇太极的管理之道也会给我们很大的启示。

正确处理下属的抱怨

管理者在管理的过程中，难免会有一些做法或者制度会让下属不满，这时就会引发下属的抱怨。抱怨是隐患的开始，如果不及时有效地进行处理，很可能会造成不良的后果，针对下属的抱怨，领导一定要学会一套行之有效的解决办法。

在君臣、主奴等级森严的封建社会，很难做到开诚布公，当面直言，特别是涉及短处，更为君者讳、亲者讳，是不敢说真话的。尤其是政治腐败时期，上下互相欺蒙，互相戒备。太宗反对这种当面不敢说真话的颓废之风，大力提倡以诚相见，直言无隐。他率先示范，对群臣讲实话，做实事，凡好人好事，坏人坏事，功劳、过错，都实事求是地说理，赏罚分明，秉公而断，把原因、根据都摆在群臣或当事人面前。

天聪八年（1634年）正月十六日，很多汉官来到户部衙门，向主管贝勒德格类诉苦，他们认为负担的徭役过重，皇上给每位备御八名帮丁，只免官粮，其余负担的杂差与民一例承担，还得按规定赡养"新人"（指新归顺而生活无着落的人），这比百姓的负担还要重。他们要求准许将这八名帮丁准照官例当差，增加一些收入，以解决生活困难。

德格类将他们的请求报告给太宗。太宗认为这件事情非常严重，要是解决不好的话，一定会引起汉官们的不满，危及政权与社会的稳定。于是，他马上派龙什、希福调查汉官们差役重科的情况。经过调查发现，这些汉官所说的与事实并不吻合。实际情况是，前不久太宗命每名备御官员包括大批汉官，出钱赎买妇女，给新归附的男人配妻室，但没有偿还这笔钱，因此心怀埋怨。太宗指示户部按价还钱。随后，又召见主管礼部贝勒萨哈廉，命令说："这些人都忘记了在辽东时所受的苦累，故口出怨言，如不说清楚，让他们明白，以后只要动些小费就会借为口实。"太宗把自己的想法，一一说给萨哈廉，并要求萨哈廉做详细记录，责成他向汉官们传达自己的意见。

汉官们奉召，齐聚礼部衙门。萨哈廉首先说明召集汉官的意图，然后如实地传达太宗的长篇指示如下：

你们（指汉官）所诉差谣繁重，可谓直言无隐，如非不得已，怎肯前来陈述？但朕的意见也不能隐而不说，应当从公评论。

朕以为你们的苦累较前已经稍轻，何以见得？从前，你们都归并到满洲大臣名下，所有马匹你们不得乘，而满洲官员乘之；所有牲畜你们不得用，而满洲官员强行买去；凡汉官病故，其妻子都给贝勒家为奴；你们属于满洲官员，虽有肥田不能耕种，终年勤劳，米谷且不够吃，每每卖奴仆，或典当衣服维持生活。因此你们暗中私通明朝，朕都宽恕不究，还把你们从满洲大臣之家拔出，另编为一旗，从此你们才得以乘所有之马，得用所饲养的牲畜，妻子得免为奴仆，选择肥地而耕种，不再像从前那样典衣卖仆人。你们以小事来申诉，无不听取后而加以解决，所控虽然不实，也不重处。这是朕对你们格外加恩更胜过满洲官员。

你们困苦之事，间或有之。然而，试拿满洲人的功劳与你们比较一下：满洲人竭力为国，有经百战的，有经四五十战的，你们经几战呢？朕对于你们只要有一点功劳就立即提拔，给你们的好处超过满洲人。如果与满洲人比较受伤论功劳作为升迁的条件，你们现任总兵官的不知该

居何职！当朕给你们另编旗时，你们都说："把我们从苦难中拯救出来，不受满洲大臣欺凌，虽肝脑涂地，也不能报答皇上恩德于万一。"现在，朕披阅你们的诉词，以前说的话全忘尽了。你们认为苦累甚于满洲人，何不向熟悉差役情况的人问个明白！倘与满洲人相比，你们的差役却是轻的，没有重的。古人云：以家之财养贤则取国而国可得，以国之财养贤则取天下而天下可得。这句话你们都是熟知的。国小民少，朕及贝勒之家各量自己所有，拿出来以养百姓。这就是古人所说的家财、国财之义啊！既然知道这个道理，出一点钱赡养从大凌河城来归的人，却口出怨言，你们为何言行不一？朕以为你们博通典故，虽非圣贤，必有通达事理之人，朕及贝勒尚散财无吝，如果你们真的明白事理，岂能以随众出资为苦呢？……

你们曾奏报说，一切当照官职功次而行之。以前分拨辽东人口时，满汉一等功臣占丁百名，其余俱照功次拨给。如你们照官职功次言之，果真出于诚心，满汉官员所占有的奴仆都应多寡平均。而你们有的占有千丁，最少的也不下百丁。请问：满洲官员曾有千丁的吗？如真的按功论理，满洲一品大臣应得千丁。自分拨人丁以来，八九年间，你们汉官很多人占丁的名额都超过了规定。如说这些超额人丁都是新生的小孩，那为什么长得如此之快？如说是从他国俘获的，可你们汉官又从未另行出征。朕真不明白这么多人丁是从何处增添来的？你们的过错，朕知而不究。但贝勒及满官因你们私自隐藏人丁，谁不埋怨？朕如果不允许你们多得，岂不可以照官职功次重新进行分拨吗？倘如此分拨，不知现占有千丁的应得几人！你们在明朝时，家中人丁又有几人？现在又有多少？为什么不深思呢？满汉官员虽有新旧，但都是我的臣属，岂有厚薄之分？既然如此，你们也该同满洲人一样，凡三丁抽一名当兵；凡出征、行猎，一切差徭一例承担，不差分毫，你们以为如何？你们试拿朕的话与你们说的话从公思考，有想说的，不必疑虑，就直说好了。

就说满洲人苦于汉人不只是三丁抽一，还有每年每牛录内须出守台人八名、淘铁人三名、铁匠六名、银匠六名、牧马人四名、固山下差役二名，总计这些，凡每牛录下当差的人家占了十分之四。除此，又有每年给新归附的人耕种，又是每牛录出妇女三口、又是耀州烧盐、畋猎、取肉供应朝鲜使臣、驿马、修筑边境四城、巡视边墙、守贝勒门；又是每牛录派兵一名守巨流河、每牛录设哨马二匹，遇有倒弊，则均摊补买。征瓦尔喀时，每牛录各喂马二、三匹从征，还派摆牙喇兵十名、兵丁二、三名往来驰使，差回又令喂养所剩马匹。遇有各国投诚人来，拨给满洲人现住屯堡房屋，令他们到别处居住，又分给粮食，叫他们舂米纳酒，每年猎取兽肉分给新归附的人，拿出国库银两购买朝鲜布匹，仍令满洲人负载，运输到边城……，这都是满洲人受苦之处，假如不向你们详细说明，你们也未必深信。

萨哈廉传达太宗的指示完毕，总兵官石廷柱、王世选和一批副将、参将，游击官都说："控诉之事，我们都不知道，这完全是这些备御汉官们干的。"萨哈廉以申诉不实，寻衅闹事的罪名，将为首的八人抓了起来。萨哈廉又问："你们既然说不知道，当户部贝勒德格类派布丹询问时，你们为何又说知道？又为什么将苦累之事备呈于部呢？"石廷柱代表众汉官说："各备御不曾说过差役科重，只说控诉帮丁八人之事，所以布丹来问，我们回答说知道。至于向部里呈报的事，是龙什、希福叫我们将所有负担的差徭详细写明，我们无知，才书写清楚送上去的。"

萨哈廉将上述情况回报太宗。太宗说："诸汉官既然说不知道，可

以将八名备御释放。如果治罪，以后有受苦累的就更不敢说了。各官和备御都不要'谢恩'，如'谢恩'就是要治罪又予以赦免。"石廷柱等诸汉官得到赦免，很感激地说："臣等虽然没有控诉，但此心同死罪无异。皇上和八家贝勒崇尚恤养外人，珍赐无吝，凡遇迎送，宰牲设宴，曾无虚日，臣等以频临死亡之身，蒙皇上生全，另立一旗，得到宠遇，凡此衣、食、奴仆、马匹，哪一样不是皇上的恩赐！果真按功劳大小，颁行爵赏，拨给人丁，我们不但官爵不敢希望得到，就是任何一样东西也不是臣等该有的。现在，臣上等之家不下千丁，下等之家也不下二十余丁，似此豢养之恩，虽肝脑涂地也实难报答万一啊！"

汉官的控诉，实际上是在聚众闹事。但是，太宗并没有大怒，反而首先肯定他们敢说心里话，直截了当，没有隐瞒的行为。至于他们的控诉与事实不相吻合这个问题，太宗采取平心静气说理的态度，开诚布公。近二千言的长篇讲话，通篇是事实，统计数字，没有一句空泛的大道理，也没有一句吓唬人的话，更没有给人以气势汹汹之感，讲清事实，道理自明。礼部按违纪规章予以处罚，太宗均对他们施以宽恕。这一切，使汉官们大为感动，撤回了他们的不合理要求。一场风波很快被平息。

太宗曾说："忠告之言虽逆耳，但对于治理任何事情都是有益的。如果把忠告之言说成是'逆耳'，是不对的。"群臣当中，不管是谁犯了错误，他都当即就指出来，诚心"忠告"，并指示如何改正。对于自己的兄弟、儿子、侄儿们同样也不例外，一旦发现错误，便当众说清。在他的影响和示范下，群臣们也能做到直接表达政见，互相商讨，君臣无猜，因此很好地保持了内部的一致性，在政治上达到了统一。

皇太极以一种开诚布公的方式解决了汉族大臣的抱怨，成功维持了内部的稳定，使危机解除。这就是皇太极在处理下属的抱怨所采取的方式。

处理下属的抱怨，在领导工作中属于一件大事。有效地处理和劝服，能够使工作畅通无阻，反之，如果处理不好必然会产生很多麻烦。只要掌握一定的原则，还是可以大事化小的。

作为领导，当你的下属在抱怨时，处理得当可以防止事态向恶劣的方向发展，阻止它进一步升级。如果你想很好地处理抱怨，一定不能急躁，要把握适当的方法。

首先，作为领导，对下属的抱怨一定不能视而不见。不要以为你的不加理睬，会让它自行消失。不要以为几句奉承或敷衍，就会让你的下属忘掉不满，继续快快乐乐地工作，事情并不是那么简单。

没有得到解决的不满将在下属心中沉积，不断发热，直至沸点。他会向他的朋友和同事发牢骚，他们可能会赞同他。此时，你的麻烦就来了——你忽视的小问题，已经恶化成大问题。面对下属的抱怨，要认真而理性地，机智老练地应对。对提建议的下属，采取不予理睬的态度是万万不行的，反而要重点对待，这样他可能就没有理由抱怨了。

在听到抱怨的时候，如果自身有一定责任的，就要勇于承认错误。消除产生抱怨的条件之一就是承认自己的错误，并作出道歉。

千万不要对抱怨不理不睬，这样可能会使抱怨转变为愤恨不平，使生气的下属变得怒不可遏。

要严肃对待下属的抱怨，决不能以"那有什么呢"的态度假装视而不见。即使你认为没有理由抱怨，但下属认为有。如果下属认为它很重要，而且你应该解决，那么你就要把它作为重要的问题去处理。

第三章 皇太极对你说管理

认真地倾听下属的抱怨，不仅表明你尊重下属，而且还能使你有可能发现究竟是什么激怒了他。例如，一位打字员可能抱怨他的打字机不好，而他真正的抱怨是档案员打扰了他，使他经常出错。因此，要认真地听人家说些什么，要听弦外之音。

对于下属的抱怨，要在掌握事实的基础上进行解决。即使你可能感觉到要你迅速作出决定的压力，你也要在对事实进行了充分调查之后再对抱怨作出答复。要把事实了解透了，才作出决定。只有这样你才能作出完善的决定。"急着决定，事后后悔"。记住，小小的抱怨加上你的匆忙决定可能变成大的冲突。

针对抱怨，就要就事论事，直接解决，不能绕圈子。在你答复一项抱怨时，要触及问题的核心。要正面回答抱怨。不要为了避免不愉快而去绕过问题，不把问题明说出来。你的答复要具体而明确。这样做，你的话的真意才不会被人误解。

并非所有抱怨都是对下属有利的。回答"是"时，你不会遇到麻烦，回答"否"时，你就需要利用你的所有管理技能，使下属能理解并且心情愉快地接受你的决定。

在你向他们解释过你的决定之后，你应该表示相信他们将会接受。求助于他们的推理能力，求助于他们对公平处事的认识和同等对待的信任。努力使他们搞清你所作那个决定的理由，并得到他们的尊重。

在管理的过程中，不要怕听抱怨。"小洞不补，大洞吃苦"，这句话用于说明在萌芽阶段就阻止抱怨是再恰当不过了。要永远敞开大门，要让下属总能找得到你。

针对抱怨，要掌握事实，掂量事实，然后作出公正的决定。作出决定前要弄清楚下属的观点。如果你对抱怨有了真正的了解，或许你就能够作出支持下属的决定。在有事实依据、需要改变自己的看法时，不要犹豫，不要讨价还价，要爽快。

此外，美国著名管理专家佛瑞德归纳几项原则，介绍与部属相处的方法。

（1）不要心存成见，轻易地为属下贴上"难缠"的标签：每个人的个性气质不同。只要阁下认为他是人才，不妨礼贤下士，努力与之沟通。

（2）弄清立场，肯定对方：搞清楚你和属下的冲突是为了公司整体的利益，还是个人的意气之争。

（3）建立共识，要求协助：开心见诚，剖心说话，互谅互解，使得员工明白，大家只为"公"，不为"私"，理应齐心协力，奋发向前。

佛瑞德除了上文所说的原则外，还有一项就是"自剖胜于指责"。

他认为："做主管的要多谈谈"我的感受"、"我的看法"，让员工多了解自己，而不是一味地指责："你为什么……"、"你为什么不……"、"你、你、你……"只会把属下逼进死角，心怀怨愤，伺机反扑。

如今人才难求，主管人员仍以这种态度来对待部属，部属不服，工作效率必受影响。

作为领导，当你受到下属抱怨时，处理得当可以防止事态发展成更大的人际冲突，不让它步步升级。只有这样的领导，才能够将下属和自己的关系处理得和谐，才能够团结力量，消除不满，使团队紧密地联系在一起，一起向着共同的目标而努力。

广开言路，群策群力

管理者作为社会中的一员，同样具有普通人的缺点和不足，这就需要听取别人的意见改正自己的不足，不断提升自己。在管理的过程中，广开言路，群策群力，才能够确保政策的正确性，能够调动广大员工的积极性，使团队在竞争中保持活力，走向成功。

在封建专制时代，皇帝具有至高无上的权威，他的一言一行都是神圣不可侵犯的，如果敢说他的缺点或过失，就以"大不敬"论处，轻者革职，或下狱、流放，重者杀头。但也有个别开明的皇帝像唐太宗，他就比较能听取臣属的批评意见，史书说他"纳谏如流"，当时的魏征就敢于批评他，有些意见相当尖锐，他也能容忍。所以唐太宗把魏征比做是他的一面镜子。

太宗未必能做到像唐太宗那样，但在这方面他确实也有所表现，经常要求向他"面铮"，鼓励他们"犯颜直谏"，给他提意见，批评他的过失。

天聪五年（1631年）三月，太宗亲自写了三封征求意见的信。一封写给两大贝勒代善和莽古尔泰；一封写给议政十贝勒，一封写给八大臣。他派文书官员分别送给他们。

太宗致两大贝勒的信是这样写的：

"兄等与众臣定策，推戴我入继大统，数年以来，无日不兢兢业业，期望上继父祖之业，下合民情。近时，听到国人或有怨言，想必是刑法判决不够公平吧？或者赏功有所偏私呢？或荒疏于逸乐、靡费财货呢？这些过错在我身上，我不自知，赖旁观者明白告诉我。这份大业并非是我一人干出来的，乃是皇考（太祖）艰难缔造遗留下来的，应当承继下来而不使之衰没，那么，皇考神灵感到欣慰，上天也会加以保佑，倘有损失，皇考神灵就会怨恨，上天必加谴责！古人有言：同舟共济。济则共享其福，不济则均受其害。我两位兄长不要以为责任都在我而凡事面上听从，我有过失，即直言，如不被采纳，方可抛弃我而不说。今六年以来，未听见诸位兄长说过一句话，我怎么能知道呢？国家政令有应当改革的就议更改，务必恰当，以使臣民共同遵守。"

给十贝勒的信，大意是，"朕登位六年以来，你们未曾说过一句规劝朕的话。这岂不是认为，朕不可以与之交谈吗？以后，凡有所见，就应直说。朕的过失，以及老百姓的疾苦，一一直陈，不要一点隐瞒。"

他给八大臣的信说，"你们身居要职，与诸贝勒共议国政，原想你们规谏朕与诸贝勒的过失，于国计民生有所裨益。今闻国人以诉讼评断不公而引起不满，这是政治上的失误。朕未能亲接国人，询问明白，只靠你们来报告。但你们犹豫、徘徊，沉默不语，你们以为朕未必听从意见，还担心可能获罪。你们想想：以前以谏诤的原因而被罢斥的有谁？被谴责的有谁？像朕虚怀听取意见，你们都是有目共睹的。希望你们以公忠体国之心，凡朕政治上犯有过失，都应悉心陈说。"

两大贝勒和诸贝勒及八大臣读了太宗的信，很快提出自己的意见。太宗大多都采纳，纠正某些偏向。

七月间，太宗又召见他们，说："你们诸贝勒大臣见到朕的过错，即应极力劝谏。人谁能无过？比如，议论国事肘，你们竟互相夸诩鹰犬，还说笑话，这不也是过错吗？有过，贵在能改，为什么要避讳不提呢？你们应当以检查自己的过错来规劝朕过错，这才是正确的。"

太宗的这一思想作风，给朝廷带来了一股新鲜空气，很多大臣都开始敢于表达自己对太宗的意见。但也有部分人仍然胆小谨慎，在太宗面前还是不敢直言，甚至恐惧。汉官祖可法为表示个人对太宗的"忠直"，说："臣等唯皇上是惧，其余还有什么可怕的！只要一有情况就向皇上报告。"这并不符合太宗的初衷，他要求大臣不要惧怕，要敢于指出他的错误。汉官张存仁深刻领会了太宗的思想，不赞成祖可法的说法，反驳道："你这句话说得不对。忠直为国之臣，就是在皇上面前也犯颜直谏，何况其他人呢？"太宗很高兴地说："张存仁说得很对。一个人果真正直，虽天地鬼神也不敢动他，而做君主的怎么能剥夺他！"

太宗求言心切，一而再、再而三地鼓励诸王贝勒大臣监察他的过错，只要接见他们议论国政时，总会要求给他提意见，他们如果不提，就会受到太宗的批评。崇德三年（1638年）七月，太宗召见群臣说："现在正是我国兴隆之时，你们固山额真大臣也正加意治理国家，共立功名。朕与王、贝勒、贝子所行，为何没有一个人直接提出得失？以前，因为你们不能治理军队、私藏财物等过失，曾给予处分，可曾有因为'直谏'而给你们加上罪名的吗？你们见好的不喜悦，见过错不责备，等这个人犯了罪，才群起而共议罪状，这都是你们中仿效诈伪，以为与己无关才这样做的。见贤人不荐举，见不善的不斥退，闭口不言，隐藏自己，这哪里是大臣的治国之道？见到贤人而不举，见不善而不说，那么，贤人怎么能得到鼓励？不肖之人又怎么能受到惩罚？如见到贤人即便是仇人也应感到高兴，必加推举；见到不善的人就是自己的姻戚也必须惩治，不能宽恕。这才是真正竭力为国之大臣。你们中有因战功被任命固山额真和六部承政的，也有虽无战功但办事公正的被提拔重用，怎么能一朝富贵就忘了公直呢？名为大臣，不上能为国，下不能为民，国家怎么能用这种人为臣！"

太宗鼓励群臣提意见，态度是认真的，真诚的。的确，通过群臣之间，君臣之间的相互督察，防范了决策上的失误，净化了政治空气，有力于统一大业的发展。

太宗的管理，做到了广开言路，群策群力。也正是太宗这样的清明管理，才使得在太宗统治时期，政治和谐，清朝的综合实力得到了大幅度的提升，为后来一统中国奠定了坚实的基础。

一个成功的企业，一定要有管理层和普通员工平等交流的平台，这样才能将管理者"广开言路"的倡导具体实施，从而更有利地提高员工的工作信心和热情。

古代贤明的君主在国家的治理上，都懂得虚心接受臣子的建议，希望能够通过臣子的建议来不断提升自己，保证自己所确定的制度的正确性。现代社会的管理者，同样要能够接受自己下属的建议，只有多听别人的意见，接受别人正确的意见和建议，才能不断完善自己，才能够走向成功。

管理者一定要杜绝谗言的蛊惑，而要想做到这点，广开言路非常必要。不过，有些管理者虽然提倡广开言路，结果在执行的过程流于形式，没有起到实际作用。

通过以下方式，可以将广开言路落到实处：

（1）采用可行的建议

尉缭是战国时期魏国人，他有着杰出的军事才能，是当时不可多

得的军事家。尉缭认准秦国必然要一统天下，于是前往秦国施展平生所学，实现抱负。

初次拜见秦王时，尉缭就与秦王探讨国事。他分析了当时的形势，认为决战的形势对秦极为有利。他说，与秦国的实力比较，其他诸侯国就都如同郡守县令，无法与秦抗衡，但令他担心的是山东六国会再结联盟，合纵击秦。为此，他列举了秦王熟悉的历史事件，向秦王敲响警钟。

秦王非常赞同尉缭的看法，向尉缭询问避免诸侯国联盟的办法。尉缭建议秦王"毋爱财物，赂其豪臣，以乱其谋"，只要做到这些，就能够"不过亡三十万金，则诸侯可尽"。

秦王认为尉缭的建议切实可行，在后来的统一过程中付诸实施。许多秦国使者怀揣着金银珍宝前往各国，想尽办法贿赂收买显贵豪臣，离间国家内的君臣关系，更离间六国之间的关系。随后，秦利用六国之间的矛盾，将它们各个击破，实现了一统天下的战略目标。

如果管理者能够采用可行的建议，员工就会主动地帮助上司想办法。因为管理者在采纳员工建议的同时，也是对提出此建议的员工的认可。否则，只是表面提倡广开言路，却不愿意采用员工辛苦想出来的建议，员工的积极性自然会消失。

（2）敢于听到不同的声音

艾尔弗雷德·斯隆曾担任过美国通用汽车公司的总经理，在西方管理学界享有盛名，被称为"管理组织的天才"。在任期间，他曾聘请了一位著名的管理人士作为公司的管理顾问。

在交代职责的时候，艾尔弗雷德·斯隆说，他不知道要给管理顾问安排什么工作，因为他并不是很清楚这种工作的性质。他的要求其实很简单，就是希望管理顾问能够明确地写出或提出自己认为正确的观点，而不必考虑和担忧观点不被大家接受。因为要研究什么、要写些什么，都是管理顾问自己的工作。

艾尔弗雷德·斯隆认为，如果管理顾问总想与大家的观点保持一致，就会采用调和或折中的手段来达到这个目的。一个只会按照别人的意见调和或折中的管理顾问，不可能为公司提出有价值的管理建议，公司也不需要这样的管理顾问。

从艾尔弗雷德·斯隆给新管理顾问的交代中可以看出，艾尔弗雷德·斯隆很注重不同的观点。正是因为他愿意听到不同的声音，才能够更加全面地发现问题和解决问题，为自己积累了更多的管理和组织经验。

作为管理者，完全可以学习艾尔弗雷德·斯隆的这种方法，积极听取不同的意见。

不过，要做到这点，还要创造一个平等的交流氛围。因为这是让员工畅所欲言的重要保证。当享有平等的发言权时，员工不会因各种各样的顾虑而不愿意表达自己全部的心声，他们会把自己作为企业的一分子，以主人翁的精神将观点毫无保留地表达出来，并希望能为企业的发展带来好处。

（3）懂得群策群力

当生产难题摆在大家面前的时候，简单地下道命令是不是就能解决问题呢？过去的众多事实已证明了并不是这么回事。提出问题可能比下命令更容易让人接受，它常常能够激发员工的积极性。

南非约翰内斯堡有一个专门生产精度机床零件的小制造厂。有一次该厂老板伊安·麦克唐纳抓住机会接受了一笔很大的订货。可是车间的

工作早已计划好，而这批订货很急，以致在他看来，无法满足预定的交货日期。

他并没有为此催促人们突击工作，而是把大伙儿召集在一起，向他们解释一下面临的情况，并告诉他们，如果能够按期完成这批订货的话，对公司和他们将意味着什么。

然后他开始提出问题：

"我们还有什么别的办法处理这批订货吗？"

"谁能想出其他的生产办法来完成这笔订货？"

"有没有办法调整我们的工作时间或人力配备，以便有助于完成这批活儿？"

雇员们情绪高昂，提出了许多建议，要求接下这笔订单。于是，订单不仅被接受了，而且按期交货。

时间紧、任务重的时候，老板要听听员工的建议，群策群力渡过难关。

作为管理者，一定要积极听取员工的不同意见，这样才能更全面地发现和解决公司内外的一些问题。

解决内部矛盾

在一个团队中，一定存在着一些矛盾，想要让一个团队高效地工作，领导者就要能够解决团队内部的矛盾和问题，只有稳定团队内部环境，才能够调动团队成员的积极性，让团队和谐健康地发展。

清东陵

天聪九年（1635年）十二月初五日，天气晴朗，天空明净。官员冷僧机却心情郁闷，坐卧不宁。他心中埋藏着一个绝大的秘密。这个秘密一旦泄露，就会使自己及家族陷入灭顶之灾。他作了好几天的思想斗争，最终决定向天聪汗皇太极揭发这个惊天大案。他感到已经无路可走了，只有揭发检举之一途。顾不了许多了，冷僧机作出了人生的一个正确的抉择。他向刑部走去。

冷僧机向刑部和硕贝勒济尔哈朗，揭发了莽古尔泰谋反一案。

《清太宗实录》记道："（天聪九年十二月）辛巳（初五日），先是莽古尔泰与其女弟莽古济及莽古济之夫敖汉部落锁诺木杜棱与贝勒德格类、屯布禄、爱巴礼、冷僧机等，对佛跪焚誓词言：我莽古尔泰，已结怨于皇上，尔等助我。事济之后，如视尔等不如我身者，天其鉴之。锁诺木及其妻莽古济誓云：我等阳事皇上，而阴助尔。如不践言，天其鉴之。未几，莽古尔泰中暴疾，不能言而死；德格类亦如其病死。冷僧机具状，首于刑部和硕贝勒济尔哈朗。时上方出猎，未奏。锁诺木亦首告于达雅齐、国舅阿什达尔汗，随以奏闻。比上猎还，和硕贝勒济尔哈朗亦以冷僧机所讦奏闻，上遣人告诸贝勒。"

这就是冷僧机揭发的莽古尔泰谋反的全部事实。从揭发的事实来看，这应该是一个谋反集团。集团成员：皇太极第五兄莽古尔泰，皇太极第十弟德格类，皇太极第三姐莽古济公主及姐夫、额驸锁诺木杜棱（济农）及屯布禄、爱巴礼、冷僧机等。谋反行动：集体对佛宣誓，誓词内容反动。锁诺木杜棱及莽古济公主的宣誓，更加令人难以接受。誓词曰："我等阳事皇上，而阴助尔。如不践言，天其鉴之。"

平地一声雷，震撼了后金国高层。揭发的内容匪夷所思，令人惊诧。人们不禁要问：这是真的吗？这里涉及的几个参与谋反的具体人物，需要加以披露。

被揭发的第一号人物是莽古尔泰。莽古尔泰，如前所述，努尔哈赤第五子，又称三贝勒，是四大和硕贝勒之一。其母继妃富察氏，名衮代。原有一子：昂阿喇；生子二：莽古尔泰、德格类；女一：莽古济格格。德格类是努尔哈赤第十子。

听到如此令人震惊的消息，皇太极先是惊讶，后是相信，最后是冷静。冷静之余，皇太极对这个集团成员的处理，采取了十分谨慎的态度。他的主要做法是：

其一，区别对待。后金国之高层听到这个谋反的消息，立刻炸了锅。纷纷表态，对集团所有成员要处以极刑。礼部贝勒萨哈廉愤怒地说道："莽古尔泰、德格类，所行若此，宜其并遭天谴，相继而死也。伊等于皇上，敢图不轨，忍于悖乱，不知视我辈，又当何如？皇上视济尔哈朗、岳托、德格类三人，过于己子。恩养之厚，迥异众人。伊等成立，皆皇上之赐。是三人自宜感戴皇恩，不惜身命，以图报效。况皇上自嗣位以来，国势日隆，曾何所亏损于伊等，而作此悖逆事耶？"

闻听此事，其他贝勒的反应也十分复杂。《清太宗实录》记道："贝勒阿巴泰（努尔哈赤第七子）、贝勒阿济格（努尔哈赤第十二子）、和硕额尔克楚虎尔贝勒多铎（努尔哈赤第十五子）闻之，皆怒。及告和硕贝勒岳托（大贝勒代善子）。岳托变色曰：贝勒德格类焉有此事？必妄言也。或者词联我耶？绝无忿意。"

于是，诸贝勒大臣会议，研审确实，共同为其定罪。文曰：

莽古济、锁诺木，阴蓄逆谋，大逆无道，应寸磔。莽古尔泰、德格类，已伏冥诛，其妻、子，与同谋之屯布禄、爱巴礼，应阖门论死。冷僧机以自首免坐，亦无功。其莽古尔泰等之人口、财产，俱入官。

这是一个极为严厉的定罪。他们甚至认为首告者冷僧机，因为首告，也只是免坐，即免于连带治罪，但也毫无功劳，"亦无功"。对于协告的额驸锁诺木杜棱，也居然建议处以极刑。而且，对莽古尔泰、德格类之妻、子，与同谋之屯布禄、爱巴礼，也建议"应阖门论死"。因为是运动初期，人们盛怒未消，也想要表达激进，表现积极。于是，这些建议不免带有极左的味道。

对于诸贝勒大臣的这个定罪，皇太极保持冷静，未予旨准。皇太极说道："至于冷僧机，若不首告，其谋何由而知？今以冷僧机为无功，何以劝后？且锁诺木若不再首，则我等亦必不信冷僧机之言。似不应概予重刑，漫无分别也。"

皇太极指出，"似不应概予重刑，漫无分别也"。要求诸贝勒大臣要根据轻重，区别对待。特别点明对冷僧机和锁诺木，要更加慎重处理。皇太极反问道："至于冷僧机，若不首告，其谋何由而知？今以冷僧机为无功，何以劝后？"这个反问十分有力。皇太极又继续推论道：

"且锁诺木若不再首，则我等亦必不信冷僧机之言。"

并提出让文馆罗硕、刚林、詹霸，召集文馆满汉诸位儒臣，提出处理意见。皇太极绕过高层的诸贝勒，而命文馆的满汉儒臣参与讨论，提出意见，是很聪明的做法。因为诸贝勒同莽古尔泰、德格类，都有千丝万缕的亲戚关系，容易带着感情处理问题，不免有失公允。

经过诸位满汉儒臣的冷静议论，最后达成一致意见，奏报曰："莽古尔泰等负恩怀逆，倾危宗社，罪无可贷。莽古济，虽妇人，闻此乱谋，理应为国忧愤，从中力阻。乃反从逆同谋，犯上违国，不可道诛，按律，两贝勒妻、子，皆应论斩。若皇上必欲宽宥，亦当幽禁终身。否则何以惩叛逆而昭国法。至首告者，予赏。庶使效尤者，不得逞志。今若以冷僧机为无功，则人皆容隐。遇此等事无复告者，为后日计，则冷僧机宜叙其功。臣等又按锁诺木，曾佯醉痛哭而言曰：皇上何故唯兄弟是信？皇上在，则我蒙古得遂生；不则我蒙古不知作何状矣。皇上亦微喻其意。彼时皇上于莽古尔泰、莽古济，宠眷方隆。德格类亦被恩遇。锁诺木虽欲直言，岂容轻出诸口。今锁诺木先行举首，其心迹似有可原。应否免罪，伏候上裁。至屯布禄、爱巴礼，罪应族诛，法无可贷。"

满汉儒臣的这个建议，近于接近事实。于是，皇太极旨准。莽古济伏诛。屯布禄、爱巴礼，并其亲支兄弟子侄，俱磔于市。莽古济的长子昂阿喇，以知情处死。莽古尔泰之六子迈达里、光衮、萨哈联、阿克达、舒孙、葛纳海、德格类之子邓什库等，俱降为庶人。首告者冷僧机授为世袭三等梅勒章京，屯布禄、爱巴礼之家产给之，免其徭役。

这里的株连政策，显然是非常过火的，错杀了许多无辜者。

其二，宽严有度。这里涉及莽古济的两个女儿。其长女为贝勒岳托妻，其次女为贝勒豪格妻。皇太极长子贝勒豪格说道："吾乃皇上所生子。妻之母，既欲害吾父。吾岂可与谋害我父之女同处乎？"不知这是什么逻辑。大概是要表现激进，表明态度，讨好父汗。于是，就无情地杀掉了自己的妻。其实，皇太极对豪格此举十分反感。

此事传到贝勒岳托的耳朵里，岳托向皇太极奏报说道："豪格既杀其妻，臣妻亦难姑容。"也要杀掉自己的妻。这似乎成为一个政治表态。皇太极明白其用意，立即表态，派人制止了这个可能蔓延的屠杀。岳托还是十分聪明的，他将这个球踢给了皇太极。

其三，适可而止。皇太极对莽古尔泰的处治，能够做到适可而止。这从他对待莽古尔泰遗骨的态度上，可以清楚看出。《清太宗实录》记载了这件事，文曰：

（天聪十年正月）庚申（十四日），工部承政孟阿图奏言：罪废莽古尔泰、德格类二贝勒，殉葬金银器皿，臣等已经收取，当何以处之？上怫然。命希福、刚林、罗硕、詹霸传谕诸贝勒曰：前者尔诸贝勒欲抛弃莽古尔泰、德格类二人骸骨。朕曾面谕尔等，伊二人自作罪恶，既分其旗人，降谪其子，国法已伸。且天鉴厥辜，已阴殛之。今将已寒之骸骨，复行抛弃。彼岂因骸骨抛散而幽魂有所痛楚耶？殊属无谓。此等罪废之人，唯不守护、不祭奠而已。

当时之谕甚明。尔等乃违命抛弃其骨，意者以彼获罪于朕，故愤怒不已而出此耶？夫与其抛已寒之骨，以抒忠愤，何如自今以后，各殚实心，勤于政事，不至阳奉阴违，以是效忠于朕。庶有以慰朕之望耳！

……彼枯朽之余，朕若罪而弃之。是与死者为仇，非仁人所为也。即复葬之，则亦已矣。

皇太极听说此事，十分生气。皇太极反对挖墓抛尸的非人道之举，

对大臣的如此行径进行了批评。质问他们："今将已寒之骸骨，复行抛弃。彼岂因骸骨抛散而幽魂有所痛楚耶？殊属无谓。"并冷静指示："此等罪废之人，唯不守护、不祭奠而已。"皇太极毫不留情地揭露他们此举的内心活动，你们这是看我眼色行事，为了讨好我。"意者以彼获罪于朕，故愤怒不已而出此耶？"这种过火的行为，本质上是为了你们自己。你们别在这上面下工夫了，还是好好工作吧，说道："何如自今以后，各殚实心，勤于政事，不至阳奉阴违，以是效忠于朕。庶有以慰朕之望耳！"明确表态："彼枯朽之余，朕若罪而弃之。是与死者为仇，非仁人所为也。"命令他们重新埋葬，不准挖墓，"即复葬之，则亦已矣"。

皇太极干净利落地处理完了这件惊天大案，有力地解决了内部存在的矛盾和危机。使得自己的团队在和谐中向前发展。

团队成员必须能够在一起高效工作，但是高效工作就意味着要承认团队里存在冲突，并且能够正视这些冲突，设法解决它们。除非团队成员能自由地表达自己的观点，并对其进行辩护，即使这会造成激烈的争论，这些才不会是纸上谈兵，试图阻止冲突的产生绝对是错误的策略。如果团队产生这样的想法，认为应当低调处理冲突，甚至对其视而不见，就会掉进群体思维的圈套，工作效率将比传统的团队还要低

一个团队中，下属心存解不开的结，或者和领导之间存在矛盾，自然会对领导抱有敌对的情绪，工作也不会有积极性，管理也不会有效果。领导要想改善这种情况，就应该正视矛盾，把化解上下级之间的矛盾看做调动下属积极性的一个有利契机。

在人与人之间的关系中，在领导者与被领导者之间的关系中，时常出现"敬而远之"的现象，这种现象使彼此的思想无法进一步沟通。

因为越是"敬而远之"，就越无法增加交换意见的机会和可能。这样，偏见和误解就会逐步加深。倘若能在合适的时机，通过一两次摩擦和冲突，倒可能使多年的问题得到解决。作为领导者，应该敢于面对冲突，敢于化解矛盾，而不能一味迁就或逃避。通过化解上下级的矛盾来进一步改善上下级的关系，使全体下属襟怀坦白、精诚合作。领导如果没有面对冲突的勇气，没有解决冲突的能力，就难以改善恶化的人际关系，从而也就难以领导下属。

为什么上下级之间容易产生矛盾和冲突？除了因为"敬而远之"而产生的误会之外，还有一点：彼此对工作有着不同的期望和标准。领导希望工作尽快完成，而下属却认为不可能。领导对下属的表现很失望，下属也因没有顺利完成工作而灰心；下属希望得到更好的工作条件，领导却不能满足；还有的下属态度粗鲁或者总是不恰当地奉承……这些情况都会对领导的工作造成不好的影响，影响领导在下属中的威信。因此，领导要树立在下属中的威信就必须学会化解与下属的冲突，让下属佩服。

在领导设法化解与下属的矛盾时，领导可以问以下几个问题：

（1）我和下属的冲突到底是什么？

（2）为什么会产生这种冲突？

（3）为解决这个冲突，我要克服哪些障碍？

（4）有什么方法可以解决这一冲突？

当领导找到了解决冲突的方法时，还要检测这种方法是否有效。

另外，领导还应当预见到按这种方法去做时会出现什么结果，以做到心中有数，不至于到时不知所措。当然，如果领导感到问题很复杂时，可以找个专家咨询一下，或找个朋友谈一谈情况，请其他的下属为

领导出主意。

化解矛盾，不仅仅是为了减少企业的内耗，而且也是改善上下级关系、提高领导权威和统御力的方法和途径。更重要的是，在化解了矛盾之后，下属的工作积极性就能得到提高。作为领导者，在发现和下属发生矛盾的时候，一定要敢于正视、积极解决，不可回避。

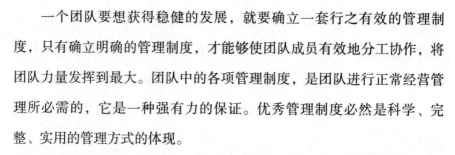

有效的管理靠制度

一个团队要想获得稳健的发展，就要确立一套行之有效的管理制度，只有确立明确的管理制度，才能够使团队成员有效地分工协作，将团队力量发挥到最大。团队中的各项管理制度，是团队进行正常经营管理所必需的，它是一种强有力的保证。优秀管理制度必然是科学、完整、实用的管理方式的体现。

皇太极在征伐察哈尔蒙古、统一漠南大地之同时，意识到武力征服不一定能持久，通婚、盟誓只是一时的办法，要想永久统治蒙古还得靠法律、制度才能奏效。

天聪三年（1629年）正月皇太极先对臣服的科尔沁、敖汉、奈曼、喀尔喀、喀喇沁等蒙古部落发出命令，要他们今后"悉遵我国制度"，要蒙古人遵从满洲制度，有意以制度来控制与管理蒙古。同年三月，皇太极又派了专人到各部重申军令，内容是：

尔等既皆归顺，凡遇出师期约，宜各踊跃争赴，协力同心，共申敌忾，毋有后期。我兵若征察哈尔，凡管旗事务诸贝勒，年七十以下，十三以上，俱从征。违者罚马百，驼十。……若征明国，每旗大贝勒各一员，台吉各二员，以精兵百人从之。违者罚马千，驼百，迟三日不至约会之地者罚马十。……于相约之地，辄行掳掠者，罚马百，驼十。

军令中还规定若有叛逃的，则处以死刑。一般说来，这军令中规定的义务是相当苛重的。

天聪八年，皇太极趁着外藩蒙古来沈阳朝贺元旦的机会，他又进一步提出"不遵我国制度者俱罪之"。这一次他为诸部蒙古制定更详尽的法条，例如：

凡蒙古王公贵族夺有夫之妇，配与他人者，罚马五十匹，峰驼五十。娶纳此妇者，罚七九之数给原夫。凡奸拐有夫之妇逃离本主者，男女均论死，家产给原夫。各贝勒不查处，罚马五十匹，骆驼五峰。

这是扫除蒙古的陋习，便于治理。事实上漠南蒙古的内乱不已，主要原因是大家争夺牧场、居民和财富。所以在同年十月，皇太极又派了大臣二人去蒙古，召集敖汉、奈曼、巴林、扎鲁特、翁牛特、喀喇沁、土默特等部管事大小诸贝勒，在硕翁科尔地方集会，决定"划分牧地"和"分定地方户口之数"；"既分之后，倘有越此定界者，坐以侵犯之罪"。这样一来，兼并、争夺的事就可以避免了。这种措施是用行政手段划分蒙古各贝勒所辖封地，封地上的牧民是贝勒的属民。每个贝勒的封地有一定的界限，互相不能侵越。往来游牧，必须彼此会齐，同时移动。每个封地上的属民人数也是固定的，不能互相侵占。皇太极定出这一套办法，主要目的是使蒙古各部落有稳定的秩序，便于满族的统治。

为了加强对蒙古的统治，皇太极又想出另一种措施，他仿照满洲人的八旗制度，编立蒙古八旗。八旗制度最初由努尔哈赤建立。在其统一

女真各部的战争的过程中，随着不断取得胜利，努尔哈赤所掌控的地域越来越大，人口越来越多。为了便于管理。努尔哈赤在明万历二十九年（1601年）建立黄、白、红、蓝四旗，称为正黄、正白、正红、正蓝，旗都取用纯色。到了明朝万历四十三年，努尔哈赤为适应满族社会发展的需要，在原有牛录制的基础上，创建了八旗制度，即在原有的四旗之外，增编镶黄、镶白、镶红、镶蓝四旗。旗帜除四整色旗外，黄、白、蓝均镶以红，红镶以白。努尔哈赤把后金管辖下的所有人都编在旗内。其制规定：每300人为1牛录，设牛录额真1人；5牛录为1甲喇，设甲喇额真1人；5甲喇为1固山，设固山额真1人。据史籍记载，当时编有满洲牛录308个，蒙古牛录76个，汉军牛录16个，共400个。此时所编设的八旗就是后来的满洲八旗。清太宗时，又建立蒙古八旗和汉军八旗，旗制与满洲八旗同。八旗由皇帝、诸王、贝勒控制，旗制终清未改。八旗初建时，不但在军事上发挥了重要作用，而且具有行政和生产职能。清朝统一，皇太极为加强对旗人的束缚，增强了八旗制的军事职能，为了扩大军事实力和笼络人心，皇太极又建立了汉军八旗和蒙古八旗。各旗有军营、前锋营、骁骑营、健锐营和步军营等常规伍，司禁卫、云梯和布阵等职。另外，设立了相礼营、虎枪营、火器营和神机营等特殊营伍，演习摔跤、射箭、刺虎和操练检枪等。由于清初诸帝很重视枪炮武功等实战本领，八旗军在平定三藩，收台湾和抵御沙俄侵略等战斗中都取得了辉煌战绩。八旗兵分为京营和驻防两类。京营是守卫京师的八旗军的总称，由朗卫和兵卫组成。侍卫皇室的人，称朗卫，且必须是出身镶黄、正黄和正白上三旗的旗人，如紫禁城内午门、东西华门、神武门等由上三旗守卫。

努尔哈赤时代，由于当时参加后金政权的蒙古人与汉人都比较少，因此投降的都混合编在满洲八旗之中，后来随着辽东的大片土地征服及漠南蒙古的统一，蒙、汉降人日渐增多，因而有编立蒙古军旗与汉军旗的必要了。蒙古降人新编入旗，似乎在天聪三年就有了，当年编了二旗；这一年，皇太极率大军征明，史书里记随满洲八旗入关的，还有"蒙古二旗"兵，由此可见，"蒙古二旗"在很早的时候就已经编立了。当时有"蒙古右营"与"蒙古左营"的说法；后来改称为蒙古"右翼兵"、"左翼兵"。天聪九年，林丹汗的势力全被消灭了，皇太极下令编审内外喀喇沁蒙古壮丁，规定除盲人和手足残废者外，凡年在六十岁以下、十八岁以上的都正式编入蒙古八旗。

　　"八旗蒙古"和"八旗汉军"一样，都是以女真人原有的八旗制形式组织成的外族军团，这是在作战形势有长足发展，兵源、装备有改善时逐渐产生的。这种外族军团成立之后，仍然隶属于八旗，因为八旗是国家统一的兵制。同时原先混编在满洲八旗中的蒙、汉族人，仍有一些存在于满洲八旗中。

　　通过蒙古编旗，皇太极的政府可以直接掌控蒙古的户口，也增加了从蒙古来的兵源与税收。基于这些可观的利益，皇太极后来又把旗的组织推广到整个蒙古地区，在内蒙古部分，陆续又编了四十九旗，每旗设札萨克（蒙古语原意为"法令"、"条例"，后引申为"执政者"或"掌管法令的人"。现作"旗长"解）一人，总管旗务。札萨克兼有世袭贵族和受清朝任命为官吏的两种身份。袭爵袭职或是革爵罢职的权力完全操纵在皇太极手上。后来在清政府的主导下，在各旗之上又设盟的组织，即把邻近的若干旗组织为一个盟，内蒙古地区四十九旗，共设哲里木、卓索图、昭乌达、锡林郭勒、乌兰察布、伊克昭等六盟。盟长由各族中威望较高者兼任。盟本来是蒙古部落的原有民族形式，皇太极只是利用它来维持稳定秩序，使其变为实质，而受到八旗制度的严格约束。

皇太极初建盟旗制，其子孙一直延续使用，以分别治理蒙古诸部族，效果极为良好。不仅让动乱的局面得到安宁，对内外蒙古地区的社会、经济与文化发展也有着促进的帮助。康熙皇帝有一次说："我朝施恩于喀尔喀，使之防备朔方，较长城更为坚固。"又说："本朝不设边防，以蒙古部落为之屏藩耳。"由此可知，皇太极的治蒙政策，实在是非常高明的，而且是影响深远的。

皇太极依靠着盟旗制度，对自己统治的人民和土地进行了有效地管理，实现了稳定地统治。在当今社会管理中，同样不可忽视管理中的制度建设。

随着社会和时代的进步，当今的管理变得越来越多元化、复杂化。在日益复杂的管理中，想要进行明确而有力的管理，就需要确立一种明确的制度。制度的确立，能够优化团队资源的配置，是团队运作有序化、规范化，降低运营所需的成本。

明确的制度还能够保证管理的协调，能够杜绝管理的任意性。在管理的过程中，只有明确规定了各部门之间的权力和义务，才能防止一些部门、一些人越权管理，在不恰当的时候做出不恰当的事。也能够防止一些部门不履行自己的职责，互相推脱责任，造成管理的真空。

在这里，有必要介绍一下两个名词，一个是越位管理，一个是缺位管理。所谓越位管理，是指管理者超越了自己的管理权下的范围进行管理，这很容易造成管理的多重性，影响效率的发挥。而缺位管理则是在管理的过程中，对于自己职责内的管理做得不到位，或者拒绝自己的责任，这就容易造成管理的缺失、权力的真空。

制度的确立，就是为了保障在管理的过程中，对各处的分工能够各司其责，就好像八旗制度中，每一个旗都是一个独立的管理单位，相互之间，依靠制度的约束，才能做到各行其道，有序地生产经营。

古语有云："没有规矩不成方圆。"制度的重要性，就是要给人以约束，使人在一定的规范中做事。这能够有效地提高生产协作的效率，提高生产水平。优秀的制度能够通过对权利义务的明确规定，使团队内部成员明确自己的责任和义务，能够激励员工的积极性。

做为管理者，制度的重要性就在于能够简化管理，规范管理。管理者只有依靠制度，才能明确而有力地施行管理措施，落实管理思想，形成明确而有力的管理模式。

制定管理体系

管理者在管理的过程中，不可能事必躬亲，万事亲力亲为。这不符合现实条件，也是不可能实现的。所以作为管理者，在繁琐的管理事务中，想要简化落实自己的管理政策，就要建立一套完备的管理体系，以保证自己的宏观管理政策，能够被细化地落实到每一个层级的管理之中。

皇太极继位之初，就很重视国家官制的改革。原来八旗官制，《皇清开国方略》作了一个简要说明。其文曰："（天命十一年九月）丁丑（初八日），分设八旗大臣。初，太祖（努尔哈赤）创制八旗，每旗设总管大臣（旧称固山额真，十七年改称都统。）各一，佐管大臣（旧称

梅勒额真，亦称梅勒章京。顺治十七年改称副都统。）各二（见乙卯年）。特设议政五大臣、理事十大臣（见天命元年）。后或即以总管一旗、佐管一旗者兼之，不皆分授。又有总兵官、副将、参将、游击、备御诸名，论功加授（见天命五年）。"

此处对八旗官制的历史及现状，作了一个简明清晰的介绍。其意是说，目前的八旗官制比较混乱，有的分授，有的兼职，还有的加授。各自为政，没有统一。皇太极早已看出其中的弊端，因此对八旗官制作了必要的改革，增加职务，明确责任，任命官员，提携新秀。这是皇太极即位以后，在军事上的一个重要动作。其目的是提拔新人，培植势力，整顿军队，巩固君位。

天命十一年（1626年）九月初八日，刚刚继位八天的皇太极，召集诸贝勒共同议定，作了三项调整：

第一项，八旗旗主兼任议政大臣。《清太宗实录》记道："上以经理国务，与诸贝勒定议，设八大臣。正黄旗以纳穆泰、镶黄旗以额驸达尔哈、正红旗以额驸和硕图、镶红旗以侍卫博尔晋、镶蓝旗以顾三台、正蓝旗以拖博辉、镶白旗以车尔格、正白旗以喀克笃礼为八固山额真。总理一切事务。凡议政处，与诸贝勒偕坐，共议之。出猎、行师，各领本旗兵行。凡事皆听稽察。"

此段内容，《皇清开国方略》也作了记载，其内容更加丰富，有加以引用的必要。

其文曰："至是，太宗集诸贝勒定议，每旗仍各设总管大臣一（额驸扬古利，前此已授一等总兵官，其秩在贝勒之次，与额驸李永芳及总管蒙古军之武纳格，俱不预此）。正黄旗纳穆泰（扬古利之弟）、镶黄旗额驸达尔汗（此以正黄、镶黄、正红、镶红、镶蓝、正蓝、镶白、正白为序次，与顺治元年以后序次镶黄、正黄、正白、正红、镶白、镶红、正蓝、镶蓝不同）、正红旗额驸和硕图（何和礼之子）、镶红旗侍卫博尔晋、镶蓝旗额驸固三台、正蓝旗拖博辉（和洛噶善城贝勒索长阿第四子龙敦之子）、镶白旗彻尔格（额亦都第三子，前此已授三等总兵官）、正白旗喀克笃哩（初由那木都禄路来归，已授三等总兵官），是为总管旗务之八大臣，凡议国政与诸贝勒偕坐，共议之。出猎、行师，各领本旗兵行。一切事务，皆听稽察（如前此之固山额真兼议政大臣）。"

这段话的意思是说，每旗各设一名总管大臣，总称为总管旗务八大臣，参与国政，"凡议政处，与诸贝勒偕坐，共议之"。出猎、行军各领本旗兵士行动，本旗的一切事务皆听其调遣、指挥，"凡事皆听稽察"。这就是说，八旗旗主全都兼任议政大臣了。从前，只有部分八旗旗主兼任议政大臣，现在扩大了范围，凡是八旗旗主（即固山额真）都兼任议政大臣，有权参加最高国务会议。从而提高了八旗旗主的政治地位，八旗旗主也更加拥戴皇太极，也使事权更加统一集中。

第二项，每旗仍设两名佐管大臣。《清太宗实录》记道："又设十六大臣，正黄旗以拜尹图、楞额礼；镶黄旗以伊孙、达朱户；正红旗以布尔吉、叶克书；镶红旗以吴善、绰和诺；镶蓝旗以舒赛、康喀赖；正蓝旗以屯布禄、萨璧翰；镶白旗以吴拜、萨穆什喀；正白旗以孟阿图、阿山，为之。佐理国政，审断狱讼。不令出兵驻防。"

意思就是说，每旗又设两名佐管大臣，八旗一共设十六名佐管大臣。明确他们的任务是协助管理本旗事务，"佐理国政"，并负责司法，"审断狱讼"。他们等于过去的梅勒额真兼理事大臣，"不令出兵驻防"，即不必出兵打仗。

第三项，每旗又设两名调遣大臣。《清太宗实录》记道："又设十六大臣，正黄旗以巴布泰、霸奇兰；镶黄旗以多内、扬善；正红旗以汤古代、察哈喇；镶红旗以哈哈纳、叶臣；镶蓝旗以孟坦、额孟格；正蓝旗以昂阿喇、色勒；镶白旗以图尔格、伊尔登；正白旗以康古礼、阿达海，为之。出兵驻防，以时调遣。所属词讼，仍令审理。"

意思是说，每旗又设两名调遣大臣，八旗共设十六名调遣大臣。他们负责出兵驻防，听从调遣，是军事指挥官。此外，对管辖区的刑事案件，仍有审理之责。此职，后来成为驻防副都统、前锋统领或护军统领等。

努尔哈赤时代的后金，其国家政权尚不完善。八旗军制代替了国家政权。八旗旗主名固山额真，固山额真为每旗的总管大臣，管理全旗军政事务。另设两名梅勒额真为佐管大臣，协助总管大臣管理旗务。天命元年（1616年）之前，特设议政五大臣、理事十大臣。议政五大臣参与国家最高决策，"参决机密"。理事十大臣管理各项庶务，"分任庶务"。"国人有诉讼，先由理事大臣听断，仍告之议政大臣，复加审问，然后言于诸贝勒。众议既定，犹恐或有怨抑，令讼者跪上前，更详问之，明核是非"。努尔哈赤每五天接见诸贝勒大臣一次，处理朝政。

崇德二年（1636年）四月二十八日，皇太极又添设了八旗议政大臣。此前，有大贝勒代善、二贝勒阿敏、三贝勒莽古尔泰，其下还有议政十贝勒、八大臣，又有佐管十六大臣及调遣十六大臣。现在每旗添设议政大臣各三员，计二十四员。

关于添设议政大臣的原因，皇太极作了说明，谕曰："议政虽云乏人，而朕不欲轻令干预者，以卑微之人参议国家大政，势必随事唯诺，取悦其主，其贻误国计民生者不小。国家安用此谄谀之辈为也？今特加选择，以尔等为贤，置于议政之列。尔等殚心为国，匡辅其主。"

皇太极想要让更多的有识之士参与国家政权。

皇太极将努尔哈赤时代的国家政权进一步完善化，并创建了具有后金国特色的国家政权。皇太极创建后金国国家政权的指导思想，是以明朝政权为模式，结合满族的特点，创建了自己的国家政权机构。他指示，"凡事都照大明会典行"。时人认为："极为得策。"

他在任内相继设立了合乎后金国实际的国家机构，机构设置先后如下：

设文馆。天聪三年（1629年）四月初一日，皇太极旨命成立文馆。文馆的任务有两条，一是"翻译典籍"，二是"记注政事"。文馆有十名儒臣，分作两班轮值。命儒臣达海等翻译汉文典籍，目的是"以历代帝王之得失为鉴"，取得汉族王朝的资政经验；命儒臣库尔禅记注本朝政事，"以昭信史"，便于总结自己的经验教训。文馆成为皇太极的咨询机构、顾问机构和权力机构。

设六部。天聪五年（1631年）七月八日，皇太极仿照明朝，在后金国中央设立六部。这六部是吏部、户部、礼部、兵部、刑部和工部。每部由一名贝勒管理，其下设满人承政两员、蒙古承政一员、汉人承政一员。承政之下设参政八员。只有工部特殊，设满参政八员、蒙古参政两员，汉人参政两员。各部均设启心郎一员。六部办事的笔帖式，根据各部事务繁简，酌量设置。六部由贝勒主持，他们全部听命于皇太极，这就加强了中央集权。

设内三院。崇德元年（1636年）五月初三日，皇太极命设立内国史院、内秘书院和内宏文院。以刚林为内国史院大学士，以范文程、鲍承先为内秘书院大学士，以希福为内宏文院大学士。其顶戴服色及随从人役，俱与梅勒章京同。同时，罗硕、罗锦绣为内国史院学士，詹霸为内

秘书院学士，胡球、王文奎为内弘文院学士。其顶戴服色及随从人役，俱与甲喇章京同。

设都察院。崇德元年（1636年）五月十四日，皇太极命设立都察院。清太宗皇太极面对新授都察院各位大臣，谕曰："尔等身任宪臣，职司谏诤。朕躬有过，或耽游畋，迩声色，信任奸佞，废弃忠良，黜有功，陟有罪，俱当直言进谏。至于诸王贝勒大臣，如有旷废职业，黩货偷安，及朝会不敬，冠服违式，部臣容忍者，尔等即据实核奏。或六部听断不公及事未结而狂奏已结者，亦惟尔等察究。凡人在部控告该部未经审结，又赴告于尔衙门者等，察其虚实，应奏者奏，不应奏者惩禁之。明朝陋规，尔衙门亦通行贿赂之所，尔等当互相防检。若以私仇诬劾，经朕察出，定加以罪。其余章奏，所言是，朕即从之；所言非，朕亦不加罪。必不令被劾者与尔面质。至于无职之人，小节过犯，当加宽宥。我国初兴礼制，多未娴习，尔等教诚而释之可也。"

这是说，皇太极给予都察院大臣以谏诤弹劾权，用他们来监督各级官吏。五月二十六日，即命大凌河城降将张存仁为都察院承政。

设理藩院。崇德三年（1638年）六月二十九日，将原来的蒙古衙门改为理藩院，专门负责蒙古方面的事务。

更定官制。崇德三年（1638年）七月二十五日，大学士范文程等奏，请更定八衙门的官制，得到皇太极的批准。八衙门是指六部和都察院、理藩院。皇太极颁布谕旨，决定八衙门各设满洲承政一员，下设左右参政、理事、副理事、启心郎、主事等官，共五级，并依此任命了八衙门的所有官员。这些官员满、蒙、汉都有任命，以满为主，参差错落。

经过此次改革的八衙门官制的官员品级，几乎同明朝完全一致了。

各部承政相当于尚书，左右参政相当于侍郎，理事相当于郎中，副理事相当于员外郎，启心郎相当于司级干部，主事相当于处级干部。

三院八衙门。到此，就形成了三院八衙门的完整的官僚体制。三院是内三院。皇太极的后金国家机关的设立，有三个特点：一是以明为主，兼顾后金；二是满族执政，汉蒙参加；三是体系完整，规模初具。

总之，皇太极创建的国家管理体制，以明朝为基础，照顾到后金的特点，具有后金自己的特色。其性质是满蒙汉贵族地主阶级的联合执政。其意义是标志着皇太极的政权，在政治上已经完成了向封建国家的过渡。

通过对国家体系的完善，皇太极建立了自己的管理体制，各级官员形成了完善的管理体系，使国家意志能够有效地实施，方便了自己的管理。

管理需要一个完善的机构来保证管理政策的落实，需要一套完整的制度来保证管理的有效性和合理性。管理者是社会中的一员，也是一个普通人，即使在某一方面比较出色，也不可能做到完美，不可能对所有事亲力亲为。三国时期的诸葛亮，有着经世之才，足智多谋，是一代传奇人物，就是这样能力超群的人，在其管理的过程中，事无巨细，亲力亲为，最终累死在自己的管理岗位之上，由此可见，管理者一个人做不到所有的事情。

管理者的职责就是进行管理，从工作的角度来说，领导有领导的工作，下属有下属的工作。下属做不了领导的工作，领导也没有必要去做下属的工作。正如士兵代替不了将军，而将军也没有必要去帮士兵站岗放哨。领导只有敢于给下属授权，工作才能做得更好。

有效授权是每个领导都必须重视的问题，授权的成功与否有着极为重要的影响，大则决定企业的兴衰成败；小则影响工作的顺利开展。因

此，授权是必不可少的，有效授权更是一个不容忽视的问题。

授权的必要性，使得管理者的权力要下放到下级管理者手中，这时候，为了保证权力的可掌控性，就需要管理者建立一种完备的管理体系，以便自己能够在放权的同时掌控权力的运用，最终能够简化管理，并将自己的管理落到实处。

建立完备的管理体系，就是建立了一种上下级之间层层把关，平级之间相互制衡的管理关系，让领导者的权力能够透过一层层的管理机构，落实到每一个地方，并且，在管理者不加注意的地方，也能够依靠管理机构之间的制约关系，保证管理的落实，保证权力的可掌控性。

现代社会活动错综复杂，一个领导即使有三头六臂，也不可能事必躬亲，独揽一切。一个高明的领导，在明确了下级必须承担的各项责任之后，就会建立一种行之有效的管理体系，将自己的权力分化给下级领导，从而使每一个层次的人员都能司其职、尽其责。这样的领导，就是懂得管理艺术的领导。

管理之道，恩威并重

恩威并重是高明的领导手段，用好了，不但能增加领导的威信，还能提高领导的亲和力。监管下属和令下属提高工作情绪，必须有令下属信服之处；平衡的情绪、永远保持愉快的笑容，是服众的最重要法则。

恩威并重是皇太极最擅长用的管理手段。皇太极运用恩威并重的手段，管理着自己的手下以及日渐辽阔的疆土。

对于蒙古族，皇太极充分运用了恩威并重的手段，彻底收服了蒙古。

满蒙贵族间的联姻，是清一代的传统政策。比起朝鲜、大明来，满族和蒙古的关系更为亲近一些。这不仅体现在地域位置上，在风俗习惯上也同样如此。感情上联姻、政治上优待、物质上收买。想用这些办法，使蒙古贵族和后金保持一致。可是蒙古几百年来一直是大明的属国。它受明朝的保护，也得到明朝的援助。不管努尔哈赤用什么手段，它都是不愿意和明朝割断关系。与此同时，蒙古人也没有忘记自己是成吉思汗的后裔，他们时时想着重温几百年前的旧梦，称雄北方，进而统一华宇。

在这种情况下，努尔哈赤只能采取武力的方式了。

科尔沁是最早臣服努尔哈赤的蒙古部落之一。它的许多女儿都嫁给了努尔哈赤和他的儿孙，同时，努尔哈赤把自己的女儿、孙女也送到了科尔沁。

蒙古察哈尔部几次企图入侵科尔沁，在危急关头，努尔哈赤总会派大军相援，使其转危为安。两国的关系越来越紧密，终于形同一国了。

这次征讨蒙古察哈尔，科尔沁的土谢图汗、后金额驸奥巴从征，表示了他们同努尔哈赤的合作。

后金大军突入察哈尔后，所向披靡。蒙古的林丹汗还是使用过去的策略，"打不过你，我就逃，你离开，我就再回来。"在接连几次战败后，他就带领家人和军队向西逃远了。

皇太极派人寻找他，希望和他讲和通好。林丹汗回信说："你想通好就要答应我几个条件：不要糟蹋我的人民，不要掠去我的财物。等你们退回后金去之后，我就派使节到你们的沈阳去。"

林丹汗这样回答不止一次了，但是他没有一次兑现过。

皇太极不计前嫌，"你虽一次次地背信弃义，可是我却一次次地相信你，终有一天你会感动的！"

皇太极立刻答应了林丹汗的条件，一方面严令不准部队骚扰蒙古部落，一方面陆续撤出察哈尔。

在打仗的时候，后金军十分骁勇，特别是多尔衮，他总是冲锋在前，像一把利剑直插敌人之后，然后把他们包围起来，有两次连林丹汗也险些落到他的手里。可是，当他令旗兵把敌人分割消灭时，就会接到大汗的手谕："敞开一面，令蒙古人'出水'。"

"四哥，这是为什么呀？"

"十四弟，你记得《三国演义》中，诸葛亮七擒孟获的故事吗？"

多尔衮也是个聪明人，他马上就理解了皇太极的做法，点点头说："四哥，我明白。"

"那就好。蒙古对咱们后金是很重要的。"皇太极说，"父汗一再教导咱们：要千方百计地使蒙古人成为后金的盟友，他们比起汉人来总是好些的！"

"四哥的话我记住了。"

在出征蒙古的路上，发生了一件令皇太极很不愉快的事。

科尔沁额驸奥巴是个不受约束的、不知天高地厚的年轻人。皇太极要科尔沁参战，不过是个象征，就把他和他的部队安排在左翼，并要莽古尔泰掩护他们。可是从战争一开始，奥巴和他的军队就落在后面了。

"皇太极，奥巴那小子临阵退缩，我是不是把他军法从事？"莽古尔泰问。

皇太极说："算了吧。叫他们来不过是充充样子，他们的军队能打什么仗！"

不能打仗不要紧，可是，当后金军走远后，奥巴竟纵兵对察哈尔人大肆抢掠。等他们掠够了财物，没有打招呼就回头向科尔沁开拔了。

皇太极十分生气，派遣索尼、阿朱户两人带着他的信赴科尔沁问罪。

皇太极在信中严厉地谴责他们违约，并历数科尔沁过去的一系列罪状：如帮助叶赫进攻后金、努尔哈赤死后迟迟不来吊丧等等。

皇太极指示索尼、阿朱户说："你们见了科尔沁汗，不必行礼，也不吃他的饭，不给他好脸色看，还要做出立刻要走的样子，看他们如何动作。"

索尼等人到了科尔沁，直接去见了公主（她是努尔哈赤的侄女，嫁给了奥巴），送上了礼物。

此时，奥巴正患足疾，听说来了后金的钦差，连忙叫人扶着去见索尼两人。

索尼按照皇太极的指示对他冷冷地说："我们是大汗派来的使臣，你们有罪，特来与你们断交。因为有公主在，才只去问候她。"

"有罪？"奥巴说，但他很快就反应过来，"有话好好说。咱们先吃饭，吃饭。"

他立刻命令手下在大政殿为后金的特使摆宴。

索尼、阿朱户不理奥巴，仰首拂袖而走。

奥巴吓坏了，就让公主出面讲情。

公主赶到驿馆，向索尼他们陪笑道："奥巴要我来问候各位……"

"公主，这没有您的事。奥巴对后金做了什么，他自己知道！"

公主说："他很担心。他说：'大汗的使臣来，一向对我是恭敬的，如今他们不给我行礼，也不赴我为他们设的宴。是不是大汗责备我

了？'到底是怎么回事呢？"

阿朱户说："公主，我们不是为他来的，所以不用对他行礼，更不会吃他的饭。大汗要我们给他带来一封信，公主拿回去让他看看吧。"

公主见后金使臣们态度冷淡，就带了信回宫了。

奥巴两手捧起皇太极的信，认真地看了一遍，吓得魂不附体，原来，皇太极在信中责怪奥巴在察哈尔的抢掠行为，说要治罪于他。此时奥巴乱了心神，不知该如何是好。这个时候，公主劝他主动去向皇太极请罪，向他说明皇太极不会放弃盟友。于是奥巴决定去向皇太极请罪。

第二年正月，奥巴来到沈阳。皇太极亲自迎出十里，并设盛宴招待。宴会后，皇太极派出大臣，对奥巴重申信中切责之意。

奥巴十分痛悔，愿罚骆驼十峰、马一百匹、一副铁甲谢罪。

皇太极见他诚心改过，就一概宽免，还赏给了他很多的贵重礼物！

从此，奥巴就十分顺从了，再也没有发生类似的事。

皇太极就是用这样软硬兼施、打拉结合的方式统治蒙古各部落的。皇太极知道没有一个稳定的后方，是无法倾全力对付大明的。

好领导难做——为什么难做？原因就是作为领导既不能不做好人，又不能老做好人，必须恩威并用。皇太极无疑是一个好领导，他将恩威并重、软硬兼施运用得淋漓尽致。下属不对的地方，固然应当责备，而对他表现优越之处，更不可抹杀，要适时给予奖励，下属的内心才能得以平衡。领导在下属面前偶尔做做好人是应该也是必须的，但是不能老做好人，否则下属就会肆无忌惮，胡作非为！

"软硬兼施、恩威并重"，不但是古代帝王在御人过程中惯用的手段，同样是现代管理者手中重要的筹码。

清朝乾隆皇帝时，也采取了软硬兼施、恩威并重的方法。

乾隆在位期间，为了加强统治，大兴文字狱，有案可查的竟有七十余例，远远超过他的先辈们。随着文字狱的兴起，文人墨客惶恐不安。因为一篇闲情文章或几句赏花吟月之词都有可能被冠上莫须有的罪名。这就是乾隆的"大棒"。

乾隆凭着威严巩固了自己的地位，然而他并没忽视恩惠的重要性，同时对知识分子采用了怀柔政策。他在朝中规定：皇族的老少们见了大学士要行半路礼，并称之为"老先生"。如果这位大学士还兼着"师傅"，就称之为"老师"，自称"门生"或"晚生"。

乾隆的怀柔政策不仅限于此。除了在言行上表示礼貌外，乾隆一方面大搞正规的科举活动，不断为朝廷网罗文人加入服务队伍；另一方面特开博学鸿词科，命地方官或巡游大臣把那些自命遗老、高才，标榜孤忠或爱写些诗文发泄牢骚的文人，以及不屑参加科举考试而隐居山林同时又有些威望的隐士推荐上来，由自己直接面试。

通过这样的方式，乾隆先后三次共录用了二十四人。被录用的人春风得意，自然感激皇恩浩荡；落榜的人也因此感到羞愧，没有颜面再自命遗老或孤忠去讽刺朝政。

事后，乾隆对被录用者关心备至。比如有个叫顾栋高的人，录用时年事已长，在当时却被授予国子监的职位。到他年老辞官时，乾隆亲自书写了两首七言诗加以褒奖。后来，乾隆下江南，又亲赐御书，越级封他为国子监祭酒。

其实，会用此法的人不仅仅是帝王，朝中的臣子同样能将此法运用得淋漓尽致。曾国藩在用人的时候，就能做到软硬兼施、恩威并重，使效力之人尽职尽忠。

刘铭传是湘军中比较有名的将领。他出生于淮北，身上有一股粗野豪迈的气概。在他18岁那年，家人遭土豪勒索，他的父亲和哥哥都吓得跪地求饶，并将家里财物交给了土豪。刘铭传外出回家后，听说了这件事，顿时火冒三丈，他发誓要为家人报仇雪耻。

后来，他找到了那位勒索他父亲的土豪。这位土豪见到刘铭传后，根本没把他放在眼里，还当着手下的面侮辱他。刘铭传上前一步，抢下刀，顺势砍下了土豪的脑袋。从此，刘铭传在当地便出了名。他招兵买马，很快组建了一支队伍，从此横行乡里。

咸丰十一年（1861年），李鸿章招募淮勇，将刘铭传的队伍扩充到淮军中，并起名"铭字军"，由刘铭传亲自指挥。李鸿章非常看好"铭字军"，花了不少财力改进军队装备。刘铭传也没有辜负李鸿章的期望，立了不少军功。但让李鸿章烦心的是，刘铭传为人狂妄，难以培养。

后来，在剿灭捻军的时候，曾国藩要借用淮军，李鸿章将"铭字军"调给他，由他派遣。

曾国藩手下还有一员猛将，他就是陈国瑞。

陈国瑞是湖北人，少年时便加入了太平军，后来投奔蒙古王爷僧格林沁。陈国瑞骁勇善战，很有胆识。在一次作战中，敌方炮弹将他手中的酒杯击碎，他面不改色，拎起椅子便坐在营房外向敌军方向大叫，要敌军向他开炮，他的手下都非常敬畏他。

这两名猛将都没有读过书，为人都比较鲁莽，相处久了难免发生矛盾。两人所带的军队在军营里发生过两次械斗，令曾国藩极为头疼。曾国藩苦苦思索，想找一个好好使用二人的方法。

刘铭传有勇有谋，所率"铭字军"装备先进，战斗力强。为了让刘铭传听从指挥，曾国藩想出独特的办法——当刘铭传有过时，曾国藩对他进行严厉批评，但对他的过失并不追究。刘铭传也因此对曾国藩有了敬畏之心，不再狂妄。后来在曾国藩的调遣下，刘铭传率领"铭字军"北上剿捻，尽心尽力。

陈国瑞是因为佩服僧王才为僧王效力的。曾国藩知道，想使这个桀骜不驯的人为自己效力，就要让他对自己心服口服。陈国瑞违反军纪后，曾国藩先是义正词严，痛加斥责，灭掉他的嚣张气焰，然后转移话题，夸赞他的优点，称赞他是一个可造之才，将陈国瑞治得服服帖帖。

然而陈国瑞本性难改，一旦回到营中，便将曾国藩的命令抛诸脑后。曾国藩见软方法不行，便立即向清廷请旨，要求撤去陈国瑞的职位。陈国瑞知道后，非常惊慌，立即向曾国藩求饶。

曾国藩的用人术不是一般人所能够做到的。要不然，刘铭传和陈国瑞这两位悍将也不会听他摆布。正是因为曾国藩会用人，才会有很多出色将领敬畏他，愿意为他出生入死。

帝王也好、臣子也好，他们之所以愿意用软硬兼施、恩威并重的御人方法，全是因为这种方法有很强的实用性。一方面能够收揽人心，另一方面可以起到震慑作用。只要这两方面恰当地结合起来，就会获得良好的效果。

比如，管理者在设定奖金的同时也设定罚金。设定奖金的目的是为了提高员工的工作积极性，设定罚金的目的则为了惩处工作懈怠的员工。

如果只设定奖金而不设定罚金，不仅不能调动一些对奖金不在乎的员工的积极性，反而放纵了他们；如果只设定罚金而不设定奖金，

所有员工的工作积极性都很难提高，因为他们认为没有必要比别人干得多，只要保证不受罚就可以了。这样的风气一旦形成，对企业将是致命的打击。

第四章

皇太极对你说 用人

　　皇太极是一位求贤若渴，善于惠政揽人、敢于大胆用人、能够充分信任和器重人才的卓越领导者。在他统治清朝的17年里，充分认识人才的重要作用，积极采取有效措施，广揽满、汉、蒙古各族人才（尤其是汉族知识分子），并委以重任，给他们提供施展才华的政治舞台，从而为清兵入关夺取全国政权奠定了坚实的人才基础。

做人才的知音

领导和人才之间，通常都是一种上下级关系，或者说是一种附属的关系。在这种关系中，领导者很难获得人才的真心。领导想要真正获得人才的效忠，就要善于做人才的知音，进而与人才建立一种牢固的关系纽带，那就是一种高山流水的知己友谊。

说到知音，不由让人想到"高山流水"的典故。钟子期死，伯牙破琴绝弦，终生不复鼓琴。这种两两相知、惺惺相惜的感情，是弥足珍贵的。

皇帝与臣子的情谊，通常不具有世俗友谊的那种因相互关怀而产生的永久性。

而皇太极与范文程，却似乎是个特例。他们君臣之间真挚的情感，默契的配合，让人感叹。

天命三年（1618年），范文程归降后金，在十多年的时间里，一直默默无闻。其仕途的转折，发生在天聪六年（1632年）。

皇太极攻打林丹汗，占领了归化（今呼和浩特），林丹汗却率众渡过黄河，向西逃走。后金几万大军陷入进退两难的境地，继续进攻敌踪不明，原路退回士气必将受损。

范文程、宁完我等人主张进攻明朝："当乘其不备，直抵北京，讯其和否，毁山海关水门而归，以壮军威。"皇太极依计而行，满载而归，士气大振。这件事使皇太极对范文程另眼相看。

范文程，字宪斗，生于明万历二十四年（1596年），卒于清康熙五年（1666年），今辽宁沈阳人。

范文程祖籍江西，是宋朝大学士范仲淹的第十七世孙，他的曾祖名范鏓，曾任明兵部尚书。因范鏓为人刚直不阿，受到当权大臣严嵩的排挤，只好弃官离去。

天命三年（1618年），努尔哈赤攻陷抚顺，范文程毛遂自荐，请求加入后金政权。范文程虽然一度受到努尔哈赤的重视，但是由于是汉人，并不能得到努尔哈赤的充分信任，热闹了一段时间后，在一个不大不小的章京的位置上坐了十多年的冷板凳。

皇太极即位，面临君权与满洲贵族利益水火不容的处境。范文程毫不犹豫，立场坚定地站到皇太极的阵营中，成为御用智囊团主要成员之一，从而深得皇太极信任。

忠诚仅是一个方面，最为关键的是，作为名人之后的范文程相当有谋略。皇太极执政时期制定的许多策略，范文程都起到了很大的作用。

宁远之战后，明朝派袁崇焕督师辽东，李氏朝鲜再次听从明朝调遣，蒙古也背叛了与后金的盟约，后金面临着极大的困境。此时袁崇焕整顿军备需要时间，提出议和。范文程建议皇太极将计就计，提出以议和争取喘息的机会，并提出了征抚蒙古、恩抚朝鲜、招抚明将的策略，有力地扭转了不利局势。

皇太极执政之初权力不稳，范文程提出了逐渐变更朝政之弊的策略，主要就是针对四大贝勒共治国政所造成的权力分散的弊病提出具体解决方案，建立适应皇帝权力的政体制度，以利大权集中，政令通顺。

在袁崇焕作好充分准备即将攻打后金之时，范文程又向皇太极建议

借道蒙古，绕过锦州宁远攻打北京，使袁崇焕被动地回师北京，造成其引八旗军入关的假象，使其招致杀身大祸。

天聪九年（1635年），蒙古林丹汗妻子来降，带来传国玉玺制诰之宝后，建国一事提上日程。范文程审时度势，提出"侵扰、等待、建号、建制"的方针，即继续侵扰明朝，等待时机。大凌河战役胜利后，大批明将来降，明朝的辽东防御土崩瓦解。明朝主要军事力量与农民起义军四处作战，皇太极坐收渔利。恰逢此时，范文程进言皇太极称帝。这既表明皇太极不再是边族之国汗王，而是高于蒙古诸汗，高于李氏朝鲜国王之上的皇帝，又是后金征伐事业的新起点。

皇太极在对范文程的任用上，做到了"用人不疑"，从而为这段君臣际会的佳话打下了牢固的基础。皇太极不仅对"范章京"言听计从，而且每逢诸臣议事，总是先问："范章京知否？"

每当群臣议事不决的时候，皇太极就说："何不与范章京商议一下？"只有当众臣下说："范章京已经同意。"皇太极才最后批准。

无论是朝中大事，还是日常生活，皇太极都把范文程当作贴身的近臣看待。二人私下的关系非常亲密。皇太极经常将范文程召入宫中议事，二人往往一坐就是几个时辰。有时，范文程深夜刚刚离开皇宫回家躺下，皇太极又派人来请他进宫议事。

皇太极还时常让范文程陪同进膳。范文程有一次入侍，面对美味佳肴，想到家中的老父亲还没有尝到过，久久未能下箸。皇太极明白了他的心意，马上派人把这桌美味佳肴原封不动地送给了他的父亲。

天聪十年（1636年）三月，范文程改任内三院大学士。其实，在此之前，范文程已被皇太极当做类似此职的亲信内臣来使用。因此，当初编汉军旗时，"廷议首推文程"任固山额真，而皇太极却不愿让其离开文馆，曾下谕："范章京才堪胜此，但固山职一军耳。朕方资为心膂，其别议之。"意思就是说：范文程任固山额真这个职位是大材小用了，以后会有更合适的位子安排他。

清崇德二年（1637年）七月，皇太极赐与范文程一等大臣的品级，此时的范文程俨然稳居清政权汉族文臣第一人的位置。

范文程是最早归降后金的汉官之一，他不仅熟悉女真族的社会发展，而且深刻认识到八旗制度的利弊，对明廷的官场内幕也是了如指掌。在他的苦心筹划下，到清崇德末年，清王朝已经模仿明王朝建立了一套行政机构，完成了封建化的过程，加强了中央集权，在政治、军事、文化和经济等各个方面都得到了极大的完善。

范文程算得上是皇太极的知己，他们有着共同的目标和理想，为着共同的方向而努力着。也正是这种知己的关系使得范文程甘愿为了皇太极鞠躬尽瘁，死而后已。

现代的领导者在用人的过程中，应该注重像皇太极与范文程的这种知己关系，只有这样，才能够团结自己团队中的人才，在团队内部确立一种共同的发展方向。使团队成员的理想和团队整体的理想趋于一致，积极地推动团队向前发展。

在历史上，有许多成功领导和人才都建立了一种知己的关系，他们惺惺相惜，为着共同的理想一起奋斗，最终建立了伟大的成就。三国时期的刘备，就很注重维持和人才的关系，他和手下的大将，能够以兄弟情义进行交往，使得关羽、张飞和赵云等绝世将才，都死心塌地地为自己的事业奋斗。但是说到知己，还是当推诸葛亮。东汉末年，天下大乱，百姓名不聊生，怀着济世救民的壮志，刘备敲开了诸葛亮的茅庐。一时间高山流水，知己相逢。同样胸怀天下的诸葛亮从此出山，兢兢业

业辅佐刘备，三分天下，企图一统中原。即使刘备死后，诸葛亮依然为了两个人共同制定的大业而不断奋斗着，最终鞠躬尽瘁，死而后已，以报刘备知遇之恩。

当代的领导，和下属的关系很多都是一种冷冰冰的雇佣关系。领导对下属的鼓励和赞许，最多的体现就是多给一点物质上的奖励。事实上，以物质建立关系是脆弱的，因为建立在物质上的关系，无法体现出人才的人生价值，也无法让人才体会到自己的人生价值。领导者只有切实体会到人才的人生理想和奋斗目标，只有将自己的管理目标和人才的人生目标集合起来，形成一种知音之情，才能够和人才建立一种精神上的纽带关系。在这种共同奋斗之中，才能够发挥出人才的最大实力，在实现团体价值的同时，能够实现人才的人生价值。

人才是事业之本，是昌盛之机，人才在竞争中的作用越来越大。用人者作为竞争中的领头羊，就要善于做人才的知音，识才用才，为自己的发展奠定坚实的人才基础。

以诚换诚，留住人才

人才在竞争中有着举足轻重的地位，想要获得人才，就要对人才付出自己的真心，让人才感受到自己的真诚，以自己的真诚之心打动人才，让人才为自己所用。

洪承畴，福建南安人，万历四十四年（1616年）中进士，初授刑部江西清吏司主事，历员外郎、郎中等职。

天启二年（1622年）擢升浙江提学佥事，因为用人的眼光很准，所选人才皆为俊奇，所以为朝廷所器重，两年后升迁至两浙承宣布政左参议。天启七年（1627年），升任陕西督道参议。天启十三年（1633年），继任陕西三边总督。

洪承畴治军有方，镇压农民起义连连胜利，俘杀高迎祥，又多次打败李自成，在明朝统治阶级内部颂声大起，称洪承畴的军队为"洪军"。1639年初，洪承畴调任蓟辽总督，领陕西兵东来，与山海关马科、宁远吴三桂两镇合兵。

1641年春，为挽救辽东危局，朝廷派遣洪承畴率宣府总兵杨国柱、大同总兵王朴、密云总兵唐通、蓟州总兵白广恩、玉田总兵曹变蛟、山海关总兵马科、前屯卫总兵王廷臣、宁远总兵吴三桂等所谓八总兵，领精兵十三万、马四万匹，集结宁远，与清兵会战。

皇太极围困锦州，就是为了吸引明朝的精锐兵力，将锦州变成关乎两国命运的生死场。他不断地运送军队、粮食、武器，其中仅红衣炮就

沈阳故宫永福宫

运了三十多门，小炮更是不计其数。

洪承畴是一位富有实战经验的统帅，在松山战役中，他知道皇太极一心想速胜，于是他偏采用"拖"的战术，要打一场持久战。因此，洪承畴主张徐徐逼近锦州，步步为营，且守且战。但他所率领的明军是分别由八个边镇临时调集起来的。虽是精兵，但各路将领临阵不服从洪承畴的统一号令，成为洪承畴难以充分发挥指挥才能的最大障碍。

在控制了松山至锦州的制高点后，洪承畴以凌厉的攻势重挫清军，锦州战局出现转机。但是他显然低估了清军的应援能力，清军在锦州吃紧以后，六百里外盛京增派的大量援军能在几日之内快速赶到，这完全出乎他的意料。洪承畴没有抓住最有利的战机，在清援军到来之前再次出击重创清军，终于酿成大错。

崇祯皇帝性多疑忌，用人不专，对洪承畴持久战的战术始终抱着怀疑的态度。他片面听信新任兵部尚书陈新甲的促战意见。陈新甲还派兵部职方郎中张若麒做监军，到前线督促洪承畴速战速决。张若麒虽是五品小官，但职权很大，使洪承畴以守为战、把清军拖疲拖垮的作战方略无法实施。迫不得已，只得进师松山。这是洪承畴难以充分发挥指挥才能的又一障碍。

七月，洪承畴领兵援锦州，驻军松山北。洪承畴将骑兵部署在松山东、南、西三面，将步兵部署在离锦州只有六七里地的乳山岗，准备与清军决战。

洪承畴不知道自己犯下了一个致命的错误：将十余万援军密集地排在松山与锦州之间的乳峰山一带，而没有在松山、杏山之西长岭山部署适当的兵力，以保持松山、杏山之间的联系。他这样做是害怕分兵势弱，同时洪承畴自负地认为在对付农民起义军方面已积累了丰富的经验，因此并没有太把清军放在眼里。

当洪承畴在宁远集结大军即将来援锦州时，清军固山额真石廷柱审时度势，向皇太极上了一份奏章，分析了双方战争形势，并制定了具体的作战方略："敌援军从宁远到松山，所带的粮草仅准备了六七天的量。如果我军迎上前去，与其战斗，敌军必然避其锋芒迅速后撤，在不清楚我军情况的时候，一定会在远处扎营观察，犹豫几天，这时粮草也消耗得差不多了，于是敌军将领一定会以补充粮草的理由返回宁远。假若我方在他们返回的路上设下伏兵，并让围困锦州的士兵在其后部追杀，如此前后夹击，明军进退无路，又无粮草，就只能选择投降了。"

《孙子·谋攻》中说："知彼知己者，百战不殆。"熟读兵书的皇太极自然明白这个道理，大战当前，他最想知道的是对手的想法。而知道对手的想法其实不难，把自己放在对手的立场上，设想如果是自己处在这种情况下，会怎么办？这种办法往往十分奏效，因为大家都是智商相差不多的人，除极个别的情况外，所想的东西往往相差不到哪儿去。

皇太极迅速增派援兵，他先后命孔有德、尚可喜和耿仲明三部汉军奔赴锦州前线，并决定亲临前线，指挥作战。

皇太极原定农历八月十一从盛京出发，因为鼻子流血不止，将动身日期延迟到八月十四。动身前他召集诸贝勒大臣共同商议具体的作战计划。大战当前，皇太极却表现得十分轻松："朕就怕敌军听说朕亲自出马，偷偷地跑掉了。倘若上天保佑敌军不逃，打败他们简直易如反掌。朕所制订的作战计划，你们要谨慎从事。"

皇弟多罗武英郡王阿济格、和硕豫亲王多铎忧虑皇太极的身体，劝他不必急着前往锦州，而由他们先行赶去参加战斗。皇太极却认为大战当前，兵贵神速，怎么可以跟在大军身后慢慢走呢？

八月十四这天，皇太极不顾鼻衄未愈，率领部队昼夜兼程。鼻子流血不止，皇太极一边手中托一个小碗接住鼻血，一边率领三千精锐骑兵纵马驰骋，在最短的时间内赶到了前线。身经百战的皇太极立刻发现了洪承畴的软肋，于是命令部队部署在明军的南面，驻扎于松山、杏山之间，将松山与杏山隔开，切断了松山明军的粮路。随后，派兵夺取了塔山的粮草。

明军的战略意图是在松山、锦山之间与清军决战，现在却被清军切断后方粮道供应，存粮只剩三日，造成了心理上的恐慌，"欲战，则力不支；欲守，则粮已竭。"当洪承畴发现这一重大失误时，已经来不及补救了。

洪承畴主张决一死战，而各部总兵为保存自己实力主张南撤，暂时退回宁远补充给养，以图再战。监军张若麒不懂兵法，竟然支持诸将的意见。洪承畴指出"守亦死，不战亦死，如若一战或可死里求生。"最后决定背山突围。

皇太极见明军大战两日未能取胜，估计明军自宁远所携粮草用尽，必于当夜南逃。当时松山东、西、北三面全被清军包围，只有南边沿海一面是空隙，于是命清军将左翼全部转移至右翼，在杏山、塔山、小凌河等要隘设下埋伏。

战局的发展果然不出皇太极所料。两军交战后，洪承畴背松山列阵，派兵冲击清营，一冲不破，便决定撤退。因军中缺乏粮草，诸将各怀心事，萌生去意。

八月二十一深夜，大同总兵王朴竟等不及洪承畴下令，乘天黑率部逃遁。其他各镇总兵一看形势不好，于是不服将令，争先拔营。马科、吴三桂两部人马一看这种情形，不想留下送死，也争相逃奔杏山。

皇太极趁势指挥清军掩杀，前堵后追。黑夜中，一心逃命的明兵不辨方向，自相践踏，很多人掉入清军早就挖好的壕沟中，被一拥而上的清兵刀劈斧砍，死伤无数。

当明军逃到杏山后，却发现屯粮之处已经被占领，只得撤奔宁远，结果再次遭到伏击，部卒伤亡惨重。而清军自称全部伤亡只有十人。洪承畴事先并没有下决一死战的决心。明兵两镇六总兵溃败，数十万大军土崩瓦解，先后被斩杀者五万三千多人。初更黑夜，兵士自相践踏致死者及赴海逃跑淹死者不计其数。剩下残兵万余人，被清军团团围困在松山，饷援皆绝。

九月十三，皇太极闻知心爱的宸妃病危，日夜兼程返回盛京，留下多铎攻城。洪承畴突围失败。十月，清军豪格部往驻松山，将松山围了个水泄不通。

清崇德七年（1642年）一月，洪承畴闻听朝廷援军赶到，派六千人马出城夜袭，被清军击败。明败兵欲退入城内，但洪承畴见后有追兵，竟下令关闭城门，因而败兵大部被歼，其余逃往杏山，却遭到伏击，全军覆灭无一幸免。

洪承畴不敢再战，而朝廷援军也因害怕清军不敢前来。松山城中粮草殆尽。万般无奈之下，松山副将夏承德密约清军统帅，愿以儿子夏舒为人质出降。

二月十八午夜，乌云遮月，冷风嗖嗖，被皇太极长子豪格部围困了半年多的松山城内却骚动起来。

明将夏承德发出暗号，豪格指挥大军竖梯攻城，松山城破，洪承畴被俘，总兵曹变蛟等大将被杀。

次日清晨，城内军民被赶到一处。夏承德及其所属部众——男女

第四章 皇太极对你说用人

老幼共一千八百六十三人聚拢一处。其余俘虏，包括官员一百多人，士兵三千余人，被就地屠杀，他们的家属——妇女儿童共一千二百四十九人，被充为奴婢。

据说在今天的松山，还有一个地名叫"马失前蹄处"，相传就是洪承畴突围时，被绊倒继而被俘之处。

松山失陷对明朝影响极大，此战后，辽东除宁远一地外，全部落入清军手中。这是清军自萨尔浒之战以来取得的最大的一次胜利，也是皇太极军事生涯的巅峰之作。

从此明朝不仅在山海关外已无力再战，而且也失去了一支维系统治的重要的武装力量。

皇太极曾自负地说："取北京如伐大树，先从两边砍，则大树自倒。现在明朝精兵已尽，我再四周纵掠，北京一定可得。"

皇太极极为英明，在胜利即将在握的情况下，他更加重视招抚明朝官员，而且做到了真心诚意，周密耐心，令人感叹。事实证明，他这样做取得了事半功倍的效果。

据说，在松山城中时，就曾经有人劝说洪承畴投降，被他坚决拒绝。因叛将献城而被俘后，清兵把他带到主帅面前，强迫他下跪，他轻蔑地说："我乃天朝大臣，岂能在小邦面前下跪！"摆明了已将生死置之度外。

押到盛京后，洪承畴被关在三官庙里。他已经下了必死的决心，每天披头散发，光着脚，不吃不喝，对皇太极骂不绝口。皇太极表现出英明君主所必备的良好涵养，不仅不生气，还动员了整个盛京城中所有能动员的力量前去劝降，其中大部分人是洪承畴以往在明朝的同僚，让他们现身说法。可是这些人反被洪承畴骂得红头涨脸，颜面扫地。

在这种情况之下，范文程出场了。他面对洪承畴的暴跳如雷不但不恼怒，反而和风细雨地与之谈古论今，让洪承畴自惭形秽的同时也不得不反思：孔曰成仁，孟曰取义，惟其义尽，所以仁至。读圣贤书，所学何事？

人一旦冷静下来，就会细想某件事值得还是不值得，而一旦想明白后，就会发现天地如此广阔。

这时，房梁上积累的灰尘随风飘下来，恰好落在洪承畴的衣服上，洪承畴不自觉地用手轻轻掸去。这个细微的动作被范文程看在眼中，他暗自一笑，随即告辞出来，立即禀报皇太极说："洪承畴不会死，这种时候，他连衣服尚且爱惜，何况生命呢？"

《清史稿·洪承畴传》中记载，皇太极亲自来到三官庙看望洪承畴，并脱下身上的貂裘披在他的身上，关切地问："先生不会感到冷吧？"洪承畴望着皇太极，长叹了一声道："你是真命天子啊！"于是归降了清朝。皇太极十分高兴，赏赐了他很多财物。

然而，当时明朝对败军之将却施以严惩。《清史稿》记载：洪承畴归降之后，皇太极对他说："朕发现你们明朝君主，宗室人被俘获不施救。而将帅战败被擒获，若有人投降，明朝君主要么诛杀他们的妻儿，要么将他们变卖为奴隶。这是旧制还是新制？"洪承畴回答道："以前没有这种制度，是近年才有的。"皇太极十分感慨，说："君主不贤明，臣子欺上瞒下，枉杀之事就会层出不穷。将帅被擒或者走投无路归降，可以让国库出钱把他们赎回去，为什么要加罪于他们的妻儿老小呢？他们残虐无辜也太厉害了！"洪承畴听到这些话，不禁潸然泪下。

崇祯皇帝对于败军之将和他们的家人毫不心慈手软，与皇太极招降优待明军降将的做法形成强烈的对比。

第四章 皇太极对你说用人

如果回过头去看历史，公平来讲，相信大多数人会原谅洪承畴们的背叛，因为他们所背叛的朝廷，已经失去了天道和民心。

两年后，清军大举入关。在平定中原、江南和西南地区的过程中，洪承畴发挥了重大的作用，这也体现出了皇太极宽广的心胸和敏锐的政治眼光。

皇太极的成功和崇祯帝的失败都是人才在一起关键作用。面对早已腐朽不堪的明朝，八旗铁骑在开始时始终不能破关夺城，究其原因，正是有一批誓死效忠明朝的大将贤臣在苦苦支撑着明朝的倾颓之势。后来，皇太极凭借着自己的赤诚之心，赢得了一大批明军将领的信任，使他们投身到清朝，明清阵营中人才的比例发生了逆转，最终获得了成功。

一个普通人如果做到对人真诚，就会结交很多朋友；一位用人者如果能够真诚地对待人才，那么，他就会长久得到有才之士的真心辅助。

三国时期，关羽失守下邳后，不得已选择暂时依附曹操。曹操对于心仪已久的关羽付出了赤诚之心，希望留住关羽。期间赠马，送袍，可谓礼贤下士，真诚相待。

为了留住关羽，曹操采取了以诚相待的方法。不管他是否留住了关羽，这种做法都是值得借鉴的。赤壁之战后曹操败走华容道，幸亏守华容的关羽念及旧恩，放了他一马，否则就不会有后来三国鼎立的局面。

管理者要想挽留人才，一定要选择合适的方式，尽可能地表达出诚意。被挽留的人才在感受到了这种诚意后，如果没有特殊原因，自然会留下来。

IBM第二任总裁托马斯·小沃尔森就十分重视人才，凡是对公司发展有巨大作用的人，他总能将他们挽留下来。

他刚升任总裁不久的一天，一个人突然闯进他的办公室，毫无忌惮地嚷道："我连销售总经理的差事也丢了，现在干着闲差，没有什么盼头了……"这个人就是伯肯斯托克。

伯肯斯托克是IBM公司未来需求部的负责人，是IBM公司二把手柯克的好友。遗憾的是，柯克刚刚去世，而柯克与小沃尔森是对头。于是，伯肯斯托克认为：柯克一死，小沃尔森肯定不会放过他，与其被人赶走，不如主动辞职。

听了伯肯斯托克的话后，小沃尔森平静而微笑地说："如果你真行，那么，不仅在柯克手下能干得出色，而且在我、我父亲手下都能成功。如果你感觉不公平，你可以选择走。但我认为你应该留下，因为这里有许多机遇是属于你的。如果换了我，我会坚定地选择留下来。"

伯肯斯托克经过一番思考后，最终还是决定留下来。

事实证明，伯肯斯托克是一个不可多得的人才。他精明能干，尤其在促使IBM从事计算机生产方面，几乎起到了决定性的作用。

当时，小沃尔森极力劝说老沃尔森及IBM其他高级负责人立即投入计算机行业，但他的建议并没有多大的诱惑力，以至于支持他的人相当少。这个时候，伯肯斯托克给予小沃尔森全力支持。他说："打孔机注定要被淘汰，如果现在不觉醒，仍然一如既往、不马上着手研制电子计算机，IBM就要灭亡。"

小沃尔森与伯肯斯托克强强联合，力排众议，最终为IBM立下了汗马功劳。

小沃尔森不但挽留了伯肯斯托克，而且还提拔了一批他虽然不喜欢但却有真才实学的人。后来他在回忆录中写道："在柯克死后挽留伯肯斯托克，是我有史以来作出的最出色的行动之一。"

在吸纳和任用人才的过程中，诚意是至关重要的手段之一。正是因为有了用人者的诚意，人才才能够意识到自己的价值，认识到自己在这个集体中可以发光发热，从而为集体尽忠尽职。

思贤若渴求人才

历代开国帝王在其艰难创业中，往往把发现和重用人才当作一件大事，不惜屈尊甚至用重金四处延揽人才。像刘玄德三顾茅庐请诸葛、萧何月下追韩信等故事，都是求贤若渴的千古美谈，至今仍盛传不衰。因此，在他们周围形成了人才济济的空前盛况。这是那些创业者们获得事业成功的一个非常重要的条件。

在求贤这一方面，皇太极总结了以往的经验，更深刻地认识到人才的重要性。对于人才，他有自己独到的见解。天聪九年（1635年）二月，太宗对诸王贝勒大臣曾专门谈到人才问题，有一句话可以概括他对人才问题的基本思想。他说："朕唯图治，以人才为本；人臣以进贤为要。"也就是说，要想治理好国家，要以人才作为治国的根本，而群臣应当把荐贤举能当作自己的重要职责。皇太极把发现和利用人才与国家前途紧密相连，因此他求贤若渴，爱才如宝，惜才如命。

皇太极的父亲太祖在世时，也是个惜才如命的人，历史上也流传了很多有关他爱才的佳话。只不过，狭隘的民族主义限制了他的胸怀，使他不能正确对待满族以外的人才。进入辽东后，于天命十年（1625年）十月，他曾下令搜查汉族知识分子，凡被捉到的都处死。四面八方都布满了恐怖的阴云，知识分子纷纷逃跑或隐匿起来。而皇太极与他父亲的做法刚好相反，他打破了民族的偏见，主张无论满、汉、蒙古人，只要有一技之长，都要给他们机会，让他们发挥各自的聪明才智。

天聪三年（1629年），清太宗皇太极召集大臣们，就征求人才的问题发出指示："满、汉、蒙古人中有谋略，可以胜任军政职事的，都要以自己所见向朕报告，从中选择任用。"天聪九年（1635年），他又鼓励并催促诸王贝勒大臣推荐人才，说："天下才全德备之人是很不容易找到的。你们满、汉、蒙古人中真有真知灼见、公忠任事的人，当速行推荐，不分新旧归附，也不分已在官府任职，还是未在职的人，只要居心公正，足以任职的，即呈送给吏部，其中有居心公正，通晓文义的人才，要呈送给礼部，主管该部的贝勒要随时向朕报告，朕量才酌用。"

在太宗的号召下，群臣们纷纷推荐人才。大学士范文程对太宗重人才的思想非常推崇，他曾说："治理和安定国家的根本，首在得人。唯有培养人才，保护善类为第一要义，得到一个贤人远胜过一切。"他所推荐的人都很称职。

在被推荐的人中，有一些出身微贱，太宗不计出身，唯才是用。比如，宁完我是辽阳人，太祖时，被大贝勒代善之子萨哈廉收为奴隶，地位卑贱，供主人驱使。到太宗时，才开始翻身。因为通文史，受到推荐，考试合格，太宗亲自召见考核，考核通过，马上提拔到文馆为儒生，参与政事。不久，又被授予参将的职务，参加了第一次入塞远征，在攻大凌河及招抚察哈尔等战役中，立下了汗马功劳。事实证明，宁完我是一个有才能、敢说话的贤才，他在政治上多有建树，是清初开国名臣之一。

在八旗军队中，有很多将军都是从士兵发展而来的。其中，有的

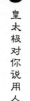

第四章 皇太极对你说用人

士兵是经太宗亲自提拔破格升为将军的。天聪三年（1629年），太宗率大军进关讨伐明朝。在攻取坚城遵化时，正白旗小卒萨木哈图第一个登上城，砍翻明兵的抵抗，为后继士兵登城开辟了道路，迅速攻克遵化。开庆功会时，太宗大赏立功将士，第一个受赏的就是萨木哈图。太宗手持金卮慰劳他，说："我军年来都怯于攻城，况且此城较以前遇到的城池更为坚固。萨木哈图第一个登上城，功劳很大，应该从优录用。"随后，太宗授予备御世袭之职，赐予"巴图鲁（勇士之意）"的光荣称号。还有一系列的物资奖励，如骆驼一峰、马十四、牛十头、蟒缎十九匹、布二百匹，还特许以后如有过失，一概予以赦免。太宗得知他家里很穷，马上指示有关部门和官员，对他家进行周济抚恤。萨木哈图仅仅是一个普通的士兵，谈不上什么资历，由于太宗的大胆提拔，使他从一个士兵直线升入将军的行列。

太宗用人的原则，不管他来自何方，只要对国家有用，他就决不会舍弃，哪怕曾是自己的敌人，他也会化敌为友。明朝总兵祖大寿早在天聪五年镇守大凌河（辽宁锦县）城，被太宗率八旗军队围困，在援绝粮尽时被迫投降，又以赴锦州取妻小及谋取该诚之计而脱身，一去不复返。十年后，即崇德七年春，祖大寿再次被困于锦州，不得已而投降。太宗的大臣们都认为他反复无常，决不可信，而且他欺骗狡诈，负恩背约，实为"我国（指清）寇仇"，应该斩首。但太宗力排众议，接受他的投降。在太宗保留祖大寿的性命后，群臣又提出，应予以监禁。太宗还是不同意。他说，祖大寿是辽东的望族，实力雄厚，是朝廷所依赖的主要力量，他的外甥吴三桂正镇守宁远（辽宁兴城），在辽东很有影响。保留祖大寿，对瓦解明在辽东的实力，争取吴三桂投降，具有重大的意义。他说服了群臣，使祖大寿十分感激，甘愿为太宗效劳而不遗余力。

皇太极雕像

　　洪承畴作为明军十三万兵马的统帅，曾与太宗在松山决战，两人是誓不两立的头号敌人，当战争结束，洪承畴被俘拒降时，太宗一再耐心启发引导，终于使他改变心意，投效清朝。太宗大喜，当天就赏赐他很多东西，在宫中陈百戏以示庆贺。这引起了诸王贝勒的不满，都觉得优待过份，说："洪承畴只是一名囚犯，皇上为何待他这样优厚？"太宗并不生气，而是平心静气说："我们这些人栉风沐雨，究竟是为了什么？"大家不约而同地说："想得到中原啊！"太宗笑了，说："比如行人，你们都是瞎子，现在得到一个引路的，我怎么不快乐呢！"太宗是想到了将来，同明夺取天下时，特别需要像洪承畴这样的人才。诸王贝勒大臣听到太宗的解释，都心服口服。后来，洪承畴果然不负太宗期望，在进关及南下江南的过程中，他都充当了"引路人"。

　　还有的曾炮击太宗的人，也被太宗赦免而加以重用。锦州副将祖泽远，本是祖大寿之将，早年曾随同大寿共守大凌河城，降后被放回，直到这次松山决战后，才同大寿再度出降。在被押送盛京受到太宗召见时，自知罪重。请求处死。太宗平静地说："你本是个志量偏浅之人。

你所以一去不复返，也是看你的主将祖大寿的去向。前不久，朕去巡视杏山，你不但不肯开门迎降，却明知是朕而特发火炮。这岂不是你背恩的最严重的表现吗？你发炮能伤几个人呢？且不说你小城士卒无多，即使洪承畴以十三万兵，屡屡发火炮，所伤又有几个？朕因你背恩太甚，所以才说这些话。朕见别人有过错，即当明言晓谕，断不会计较旧恶，而事后又加以追究，岂只对你这样！即使尊于你的主将祖大寿，尚且留养，何况你这小人，更不值得一杀。你年方少壮，自今以后，凡遇战阵，奋发效力就行了。"

祖泽远既感动又惭愧，禁不住热泪盈眶，哭泣着说："皇上之言都对，谨遵圣意。"

太宗时刻渴望得人才，攻取城镇，缴获战利品固然高兴，但得到贤人就会更高兴。正是凭借着这种求贤若渴、见贤而喜的用人之风，太宗网罗了一大批的人才，这些人才为了大清朝的开基立业，打下了坚实的基础。

古今中外，政治家治理国家，企业家建设企业，经过不断的经验教训的总结，得出了一条真理，那就是得人才者得天下，失人才者失天下。

人才是竞争中的重要资源，古代政治家攻取天下、治理国家，往往因为一个或几个人才的作用而改变社会的格局。当今的企业家创业起家、开拓进取，也往往因为人才的力量而获得先机，在竞争中夺得优势，可见人才的重要性。一个人的发展过程中，如果胸怀大志，想要在激烈的社会竞争中崭露头角，就要依靠人才的力量，在人才的辅佐下，迎击风浪。

当今社会，激烈的竞争以及人才的作用，使人才变成了一种资源。

为了抓住资源，就要做到求贤若渴、礼贤下士。古代但凡有大成就的人，都懂得求贤若渴的道理。神话时代，舜帝曾将自己的王位禅让给当时的人才禹，终于成就了又一个盛世；商纣无道，文王为了请姜子牙出山，曾步行拉车，恭请人才，最终伐纣灭商，建立的大周朝的百年基业；大秦帝国，秦始皇百川归海，吸纳四方人才，终于一统天下，成为千古一帝；三国鼎立，曹操曾高歌："周公吐哺，天下归心"，刘备三顾茅庐，草堂立雪，孙权礼敬张昭，善待周瑜，同是渴贤的明主，三人鼎足于天下……历史不能重演，但是历史上的兴衰成败却给我们很深的启迪：想要获得成功，就要求贤若渴，礼遇人才。只有拥有了人才，才能够支持自己进行竞争，才能够获得最后的胜利。

在时代的发展中，人才的作用极其重要，领导者所领导的团队，想要做大做强，就要重视人才。人才是基石，是栋梁，是成功的保障，胸怀大志的领导，都要重视人才，虚心接纳人才。无论干什么事，人才都是成功的保障。

适时挖掘人才

人才作为一种资源，就会在用人者之间进行流动，对于人才之前的身份，用人者一定不能太过计较，而是要怀着一颗大度的心，包容人才，感化人才，即使是曾经的竞争对手，也能够吸纳进自己的队伍，为自己的发展贡献力量。

讲到招降纳叛，皇太极可谓是一个行家，在皇太极的眼中，没有满

汉蒙的民族界限，只要是人才，就能够为自己所用。最能体现皇太极这种宽厚胸怀、敌为我用的事例，就是皇太极对祖大寿的招降。

在大凌河一役中，皇太极第一次接触到祖大寿这个人。大凌河的全名为大凌河中左千户所。位于锦州东三十多里，属锦州守备管辖。它建于宣德年间，周长三里，嘉靖时又有所增修，是锦州的前哨阵地。

孙承宗令总兵祖大寿、何可刚率十余名副将进驻，要他们迅速修复大凌河。

皇太极得知明军正在修复大凌河的消息后，立刻作出反应。他毫不迟疑地催调各路军马包括部分蒙古兵，由他亲自率领前往攻打大凌河，不给明军修筑、加固防线的任何机会。皇太极迅速率领大军将大凌河团团围住。

如果皇太极立刻下令攻城，也许一两天内，大凌河就溃败了。可是皇太极这次十分小心，他怕重蹈宁锦之役的覆辙，他令军队只围不攻，想使祖大寿粮尽援绝而投降。他说："若强攻一定会有死伤，不若掘壕筑墙以困之。彼兵若出，我则与战，外援若至，我则迎击。"

祖大寿等明将看到城外的金军夜以继日地营造着防地，知道敌人要困死他们，就派兵出城袭击，可是小股部队根本不是金军的对手，派出多少就被吃掉多少，因此就闭门不出，等待援兵了。

皇太极的布置十分严整。围绕着大凌河，共建了大小营盘四十五座，周围绵延五十里。每个防区向着城墙挖掘了四条壕堑，一道深宽各丈许，一道环前道壕再挖一条宽五尺、深七尺五寸的壕，铺上秫秸，覆盖土层。距此壕五丈远的地方筑墙，高丈余，墙上加垛口，远看如一道长城。各旗还在自己的营地周围挖掘一道拦马沟，深宽各五尺。

皇太极命令各部严守阵地，不许放一个人出城。他自己则坐在城南山岗上时刻注意着大凌河城内的动静……

这一套严密的围困工事可以说是风雨不透、水泄不通，表明他此次志在必得。明史记载说："逆奴围凌，连挖四壕，弯曲难行，器具全备，计最狡矣！故虽善战如祖大寿，无怪其不能透其围。此围封豕长蛇，其毒螫乃至如此！"围困期间，皇太极派人假扮成援军诱骗守军出城，祖大寿不知是计，果然率兵出城，结果被杀得大败。

现在祖大寿唯一的希望就是朝廷派大军来救他们了。明朝也确实派出过一次援军，却被皇太极歼灭了，明朝再也没派援军来。

大凌河中的明军知道覆亡的日子不远了。从七月到现在，已困守了两个多月，城里储备的粮食眼看就要吃光了，士兵不经长官允许就宰杀战马充饥，马无草料，也大批倒毙。老百姓的生活就更惨了，饿殍枕藉，臭不可闻。勉强活着的人抢食死者身上的肉，用人骨当柴烧……

有些侥幸逃出的人对后金人说：城里就要撑不住了，粮食已经吃光，先杀工役而食，现又杀兵丁食之，唯大官还有米数升而已！

皇太极觉得"火候"到了，他一连给祖大寿写了几封信，劝他投降。

祖大寿看到情势，最终逼不得已，在皇太极保证保存人民的情况下，选择了投降。

投降当晚，祖大寿亲自到后金大汗的御帐与皇太极见面。

皇太极极为高兴，派诸贝勒出迎一里，他则出帐迎接。

祖大寿来了，军营里锣鼓喧天。皇太极走出大帐迎接。祖大寿仍然穿着明军武将的官服，见了皇太极后就要下跪行礼。皇太极赶紧抢前一步扶住他，两人像兄弟那样拥抱。

在大帐门口，皇太极伸手请祖大寿先行，祖大寿连说"不敢"，侧着身子怎么也不肯。两人谦让了好久，最后皇太极携了祖大寿的手，并

肩而人。

大帐里已摆好盛宴，落座后，皇太极亲手捧金卮为祖大寿斟酒。

祖大寿连忙站起来逊谢。"败军之将，大汗竟待之以礼，使在下不胜感愧！"

皇太极又把他按在椅子上，"大将军请宽座，今后咱们就是一家人了。我后金起兵至今，所向披靡，但现在遇到了困难。这天下究竟不是只骑在马上厮杀就可以得到的！所以我和我的兄弟很愿意师事先生，诚心希望先生不吝指教！"

他说的倒是实话，把自己的目的全说出来了。

陪他们喝酒的十多个人都是皇太极的兄弟和大将，他们今天也显得文质彬彬，不说什么话，只知闷头喝酒。

酒后，皇太极拉着祖大寿送他还城，赐给他黑狐帽、貂裘、金玲珑、缎靴、雕鞍、白马等一大堆珍贵的东西。

不等祖大寿推辞，皇太极就派人装在大车上头前走了。

祖大寿被皇太极所感动，主动表示要潜入锦州城，帮皇太极劝降锦州，皇太极愉快地答应了，并做好了掩护，派出将士假装大张旗鼓地追杀呐喊，放祖大寿进了锦州。但是祖大寿离开之后，就一去不复返了。

老实说，祖大寿这边刚一离开，皇太极就有些后悔了，放虎归山，后患无穷啊！但是转念再一想，这次即使留住他的人，也留不住他的心。皇太极有这个自信：迟早，我要你死心塌地地侍奉我。他确信自己有这个能力。

对于留在后金军营中的祖大寿之子祖可法等人，皇太极一直以礼相待，他从来就不缺乏耐心。

在之后的日子里，皇太极不时地和祖大寿进行沟通，希望能够使祖大寿回心转意，甚至派祖大寿的子侄进行劝说。皇太极可谓做到了仁至义尽，祖大寿却始终没有露面，他不知该如何面对皇太极。

再见祖大寿，已是十年之后。

十年之后的锦州城，明清两军再次对垒。自从明清争战以来，锦州成为明朝阻止清兵向西推进的重要军事堡垒。自努尔哈赤受阻于宁远城下，到皇太极围困大凌河城以来，相距仅四十余里的锦州始终坚如磐石，这形成明清在宁、锦长期对峙的局面。

锦州，就是皇太极和他的将领们下一个军事目标。

他决定先屯兵义州（今辽宁义县），将其作为攻取锦州的前沿阵地。只有夺取了锦、宁，使明朝完全处于被动地位，才便于达到他议和或和而不成再战的目的。

皇太极之所以选择义州，是因为义州位于锦州和广宁的中间位置，比广宁更逼近锦州，而且地势辽阔，土质肥沃，自然条件十分利于垦荒屯种。这年农历三月，皇太极任命和硕郑亲王济尔哈朗为左翼元帅，多罗贝勒多铎为右翼元帅，率军前往义州，驻扎屯田。仅仅一个多月的时间，数万八旗将士就原本荒凉的义州改造成适合人居的地方：修筑城池，搭盖房屋，开荒种田。

皇太极一方面把义州改造成为前方部队战时的后勤基地，另一方面把义州这颗"钉子"狠狠地钉入锦州守将祖大寿的眼中。他决定在锦宁一带与明军周旋到底，不仅因为锦宁是明军护卫北京和堵截清军南进防线的重点，更因为祖大寿等关宁劲旅是明军的精锐。"塞上之兵，莫劲于祖大寿之兵。"皇太极这个策略，显示出他卓越的军事才能。他不急于占据中原，而是先取关外地方，确立关外的一统之局，稳扎稳打后再根据形势的发展，进一步图谋进取。

在皇太极的一声令下后，大军将锦州城团团围住。

历史在不经意间，出现了戏剧性的一面。这次围困让祖大寿又想起十年前的大凌河之围。清军抢走了锦州城外的庄稼，扫荡了锦州城周围的台哨，断绝城内明军与外界的联系，让他们陷入孤立无援的状态。同时，为了防止围城的清军因时间过长而产生懈怠的心理，皇太极还规定，三个月调换一批清军，因此被明军钻了空子偷袭。

锦州城内的明军中，有很大一部分是蒙古人。他们驻守在外城，自认为粮草充足，锦州城固若金汤。其中有蒙古兵向清军营寨外巡逻的士兵挑衅道："你们围城有什么用？我们城中的存粮够吃两三年的，你们就是围困也夺取不了锦州。"

清兵的回答让蒙古兵大吃一惊："什么两三年，哪怕你们有四年的存粮，那么到第五年时，你们还吃什么？"

大惊之下，蒙古兵的军心开始动摇，蒙古将领诺木齐、吴巴什等人开始密谋降清。他们秘密派人与清军主帅济尔哈朗取得了联系，定于三月二十七夜里行动。然而，没有不透风的墙，二十四日这天，吴巴什差一点儿就被听到风声的祖大寿逮捕。吴巴什没有别的办法，当下决定按照双方约定的行动暗号，提前采取行动：率领所部将士向明军发起进攻。济尔哈朗、多铎闻讯，立即赶到城下接应。蒙古兵从城上放下绳子，两白旗清兵率先攀绳而上，进入城内，与叛降的蒙古兵里外夹击，轻而易举地占领了锦州外城。

这次降清的蒙古将士、官员共有86人，士兵及男女家小共6211人。他们被送到义州安置。胜利的消息传到盛京，皇太极十分高兴，传谕八门击鼓，召集诸贝勒、大臣于大政殿广场，皇太极登临大政殿，向众人宣布这一捷报。

清崇德七年（1642年）二月十八，松山城陷，洪承畴兵败被俘的消息传来，祖大寿大惊失色，他还在苦苦地坚守内城，一心等待援军前来解围。如今希望破灭，祖大寿清楚地知道，明政府再无能力派遣援军出关来解锦州之围。

被困在锦州城中的祖大寿觉得自己真的走投无路了，这种焦虑感如千万只蚂蚁啃噬全身，让他寝食难安，直到弟弟祖大成出现在他的面前。

祖大寿的三个弟弟，总兵祖大乐、游击祖大名与祖大成在松山战役中，同洪承畴一同被俘。皇太极下令诛杀了其他被俘的明军官员以及兵卒三千二百人，却留下了洪承畴和祖氏三兄弟。

皇太极的用意再明显不过：用祖氏兄弟再次招降祖大寿。他派祖大成进入锦州城，当面劝说祖大寿。最终，祖大寿亲率部众开城出降。这一天，是1642年三月初八。

捷报传到盛京，皇太极大喜过望，命令除留下祖大寿及其部下妇女、小孩共四千六百余人外，其余二千余名兵士全部诛杀。"塞上之兵，莫劲于祖大寿之兵"，如今祖大寿没有了兵，皇太极才能完全放心。

皇太极命人将祖大寿立即送往盛京，他已经迫不及待了。十年了，他是多么想立刻见到这个降而复逃、却又不得不再降的对手。

祖大寿见了皇太极，正要下跪行礼，皇太极亲自将他扶起，好言抚慰："你上次背叛我是为了你的主子，为了你的妻子、宗族。我曾经对大臣们说过，祖大寿一定不能死，如果以后再次投降，我也决不会杀他。事情过去就过去了，只要以后能够尽心尽力地侍奉我就可以了。"

祖大寿被授予汉军正黄旗总兵的职位。对于皇太极的这个决定，众人都感到很吃惊：对于这样一个背信弃义、反复无常的人，不杀掉

已经是天大的恩典，怎么可以授予重职？难道不怕他手握兵权，再次出逃？

皇太极却显得胸有成竹，明朝关外九座城池，已经丢失了其中的松山、杏山、塔山与锦州。祖大寿虽然只是一介武夫，可也是个聪明人，怎么会看不清天下形势？况且祖大寿的外甥吴三桂既是明朝军事重镇宁远总兵，又是辽东提督，统率关外明军，在皇太极下一步的军事行动中，吴三桂是个举足轻重的人物。皇太极善待祖大寿，多少有些"醉翁之意不在酒"的意思，为清军的下一步行动作了准备。

皇太极从来不介意任用降将，恰恰相反，他好像还对劝降地方的将领有着特殊的爱好，事实上，也正是这些汉族的降臣降将，给皇太极带来了巨大的成功：他们安抚百姓，进一步招降其他将领军队，他们了解汉人，懂得如何治理汉人。正是在这些人才的帮助下，皇太极才能够征服广大汉人地区，创立一代伟业。

人才是最宝贵的财富，领导者要重视人才、发现人才、培养人才，让他们成为你的得力帮手。石油大王洛克菲勒曾说过："为了某一个人才，我会不顾一切地去求他，即使是对他百般吹捧、奉承也在所不惜，甚至还会不顾廉耻地去拍他的马屁哩！"

洛克菲勒是这样说的，也是这样做的。虽然他一生树敌无数，并且和他的敌人间存在着一种难以调和的矛盾——利益的冲突。但是他却很善于利用这种矛盾，并不断地从敌人阵营中，把那些最有生存力和竞争力的强者挖到自己的阵营中来，并为己所用。在洛克菲勒帝国的核心领导层中，有许多人才都是从他的敌人转变而来的，正是这些优秀的人才使他获得成功。

其中，受洛克菲勒笼络在他之后继任美孚石油公司第二任董事长阿吉波特的经历最为传奇。当时，洛克菲勒为了控制石油行业，达到自己彻底垄断的目的，他成立了一家名为"南方开发公司"的控股公司，他计划凭此公司来吸收并控制一些有影响的石油公司。南方开发公司甚至还与铁路大联盟签订了运费协议，将参加这个控股公司的石油企业的运费削减为其他公司的一半。一旦这个石油联盟成立，如果不加入这个联盟，很多中小企业就会破产。

当时的阿吉波特年仅24岁，他是一位领导天才，当初他仅凭800美元投身于炼油业，经过苦心经营，取得了很高的成就。即使如此，他也面临着被南方开发公司收购的危机。在众多中小生产者一筹莫展的时候，阿吉波特提出了大封锁对策。他计划成立一个生产者同盟，并组成自卫武装，限制向洛克菲勒集团提供原油。同时，他还印刷了3万份传单，分别送给华盛顿联邦议员和州法院。此举让舆论大哗，社会公众纷纷指责洛克菲勒心狠手辣，置他人的生死于不顾。在这种压力下，南方公司的计划胎死腹中了，洛克菲勒也经历了人生的第一次大败，遇到了平生第一位劲敌。

但是，洛克菲勒并没有就此认输，他采取种种策略来分化、瓦解生产者同盟，通过高价收购原油，打破了生产者同盟的封锁计划。最后把同盟的提议者——阿吉波特拉到了自己的阵营中来。

阿吉波特成立了一家叫艾克美的新公司，并以其曾领导生产者同盟的威望开始收购同类经营者的股票。在站到洛克菲勒一边后，他开始煽动解散生产者同盟，这时，众多小生产者并不知道艾克美公司的股权实际上掌握在洛克菲勒手中。终于，在阿吉波特的帮助下，洛克菲勒完成了一统天下石油的霸业。

阿吉波特在洛克菲勒建立庞大的托拉斯组织的进程中，从兼并到行

业垄断的全过程中起到了非常重要的作用，并成为了美孚公司领导层中的后起之秀，深得洛克菲勒的信任。洛克菲勒退休之后，力举阿吉波特作为第二任董事长，领导他庞大的帝国进一步拓展。

同样的人物还有律师多德，他是当时最有才干的一位律师，也是最早的专门接受公司委托的律师。在洛克菲勒推行南方开发公司方案期间，他曾多次在公开会议上指责美孚公司是条"蟒蛇"；他还代表产油区对美孚公司进行诉讼。但这并没有妨碍洛克菲勒将他收为己用，当他的石油帝国规模膨胀到足以与美国的法律相抵触时，他向多德伸出了求援之手，他希望多德能利用法律知识帮助他建造一个完美的经济帝国。多德于1882年根据洛克菲勒的授意炮制出了托拉斯协定，美孚石油公司改组为美孚托拉斯，使洛克菲勒能以信托方式来掩盖明目张胆的垄断。托拉斯体制成功地防止了外界对它进行调查和揭露，不但使洛克菲勒精心勾画十年的垄断蓝图得以实现，而且也改变了资本主义社会的发展史，形成美国历史上独特的托拉斯垄断时代。对此，多德实在功不可没。

在洛克菲勒的庞大帝国中，还有许多这种各具特色，足以独当一面的优秀人才。正是由于洛克菲勒不断地把眼光投到敌对阵营中，去挖掘人才，吸引人才，他才得以广揽天下人才，成就了一代霸业。

领导者要学习洛克菲勒这种襟怀，对敌人不仅可用，更可大用，那些足以和你为敌的竞争者都是具备了极强的实力的，如果能让他们为己所用，就必然能扩大自己的优势，让自己在竞争中占据有利位置。

以制求衡的驭人术

人才作为能力突出的下属，一定会有一些高傲，为了发挥其才华，就必须要给予其一定的权力，而且，他们凭借突出的能力，肯定会为自己积累功劳，这时候，就容易出现人才居功自傲、功高盖主的情况。因此在用人的过程中，为了维持一个相对平衡的态势，对一些实力雄厚，有一定权力的人，进行必要而适度的打压是一种必不可少的手段，这就是以制求衡的驭人之术。

皇太极称帝后，因大贝勒父子拥戴有功，代善被晋封为和硕礼亲王，岳托晋封为和硕成亲王，兼管兵部事务。代善父子的势力和威望日益强大起来。皇太极不得不心生警惕。

清崇德元年（1636年）八月初四，代善次子硕托向刑部自首，报告家中有一奴婢，因为遭受责打而自杀身亡。刑部奉命审问此案，却发现原来是硕托杀人灭口。皇太极接到奏报后大怒，下令判硕托罚银一百两，并将其属下三牛录人口划拨到成亲王岳托名下。

处于危险之中的岳托并不知道内中的实情，当二弟硕托请求他向皇太极求情，将所夺三牛录人口中的一位妇人（其子女的乳母）开恩赏还时，岳托暗中指示兵部启心郎穆成格向皇太极做了奏请。

皇太极抓住这件小事，大做文章，命诸贝勒大臣议成亲王岳托之罪。为了将打压做得不那么明显，皇太极不惜将自己的长子豪格当做陪

衬牵扯进来，罪名是"与岳托结党，不听皇上的话，心生怨意"。

善于揣摩皇太极心理的群臣又重新提起岳托当年之事：首先，天聪四年（1630年）莽古尔泰因罪被罚之时，岳托表现出了过度的同情；其次，正红旗部下的马匹劳累过度而死，岳托却以在战场上受伤而死上报；另外，此次审问硕托，岳托故意包庇；最后，离间皇太极与其长子豪格的关系。

在最后议罪的时候，大臣中一部分人认为应当处死岳托和豪格，另一部分人则认为应当监禁并抄家。皇太极在处理岳托时表现得十分大度：将岳托、豪格两人俱行免死，并免幽禁，只革去二人亲王爵位，降为多罗贝勒，并罚银一千两。

皇太极还发表了一番感慨："他们在侍奉我的时候虽然怀有二心，但是如果我对他们进行诛戮的处罚，我将会身背恶名。他们一个是我的儿子，一个是我的侄儿，虽然儿子庸愚、侄儿嫉妒，但我若以雍容大度之心来对待他们，也足以感召他们了。"

岳托太年轻，在官场上的历练少，他无论如何也想不通，自己对皇上忠心耿耿，怎么就因为一点儿芝麻大的小事被降职、罚款？从亲信荣宠，到被猜忌疏离，岳托难以平衡这巨大的心理落差，不由得对皇太极心生怨恨。

第二年八月十八日，皇太极率领满、汉、蒙古诸贝勒、大臣到演武场校射，岳托对皇太极说："臣不能执弓。"皇太极微微一笑，劝道："你有旧伤，就慢慢地拉弓射箭，做个样子就行了。如果你不射箭，其他诸王、贝勒、贝子等人就更不射箭了。"

岳托无奈地站起身来，走到演武场中间。当他拉弓的时候，不小心将弓掉在了地上，惹得围观的蒙古诸部将士哄堂大笑，岳托恼羞成怒，转身将弓向众人扔去。陪在皇太极身边的代善惊出一身冷汗，但是想阻止已经来不及了。

随后，岳托以"素志骄纵，妄自尊大"等罪名被众臣集议拟处死刑。皇太极心中自然明白岳托是怎么回事儿，下令免除岳托死刑，但将其兵部的差事解除，由贝勒降为贝子，罚银五千两，并暂时不许外出，在家中闭门思过。

转眼又是一年，清崇德三年（1638年）二月，皇太极亲征喀尔喀，到博落尔济时，因为马匹疲乏，就命令大臣雍舜、伊孙等带领部分马匹先行返回，其中包括皇太极的两匹战马。在返回的途中，众人开始讨论如何妥善饲养皇上的两匹马，代善属下正红旗部将觉善对皇太极整治代善父子心怀不满，说："既然大家这么在意，为什么不将皇上的两匹骏马用轿子抬回去？"

众人听后大吃一惊，将觉善押送至刑部问罪。管理刑部事务的郑亲王济尔哈朗一方面不敢怠慢此事，另一方面又不想得罪代善父子，因此遍查此前卷宗，终于发现正红旗伊希达、恩克两人也曾发生过类似案件。济尔哈朗遂以"一旗中出此类三大事，非我部所能独审"的借口向皇太极作了奏报。皇太极早已明白济尔哈朗的用意，命令召集诸贝勒大臣集议这个案件。

群臣集议的结果是：和硕礼亲王代善有怠慢皇上之心，致使其下属官员才敢有如此无礼的举动。应将代善革除亲王爵位，并没收他所拥有的人口；觉善罪该万死，应处死刑，家产抄没归官。

皇太极对群臣集议的结果一笑置之，命令将代善、觉善两人予以宽容，免除刑罚。

削弱代善的目的达到了，适时地表现出应有的大度，这就是皇太极

的为君之道，他的政治远见已经练得炉火纯青。

事功与人性，经常会向相反的方向发展。恩格斯指出"恶是历史发展的动力借以表现出来的形式"。实际上，在封建专制的国家里，一个主要当权者，如果不具备为达目的不择手段的气魄与雄心，没有为世人所不齿的疯狂的占有欲，就不可能生存于"权力竞技场"，更谈不上目标的实现，功业的达成。

这在皇太极与代善之间，表现得尤为微妙。

清崇德四年底，皇太极带领众臣前往叶赫地区打猎。代善马失前蹄，伤到了脚。皇太极忙跳下马，亲自为代善裹扎伤口，给他敬酒压惊，并流下了眼泪说："大哥年纪大了，我再三劝你不要骑马，你为什么不善自珍重呢？"

话一说完，皇太极便宣布罢猎返还，让代善坐轿慢慢前行，并亲自护送代善回家。

天聪五年（1631年），代善第五子，年仅24岁的巴喇玛不幸病亡。时值盛夏，诸贝勒都害怕传染疾病，没有一个人前去吊唁。正在"避痘所"躲避传染病的皇太极听说兄长的儿子病故，非常伤心，一定要亲去吊唁。代善劝阻无效，急忙赶往十里外的地方候驾。因为悲伤过度，茶饭不进，代善的身体非常虚弱，由两名侍从在左右搀扶着站立、恭迎圣驾。

匆忙赶来的皇太极，一见到兄长，不禁痛哭起来。代善当着皇太极的面不敢哭，怕引得皇太极更加伤心。随后，皇太极开始劝慰哥哥，说："不要过分伤心，要把精力放在国家大事上。"边说，边拿起金杯，倒满酒让代善喝。又劝他去吃饭，并亲自操刀，切开两个西瓜让兄长吃。

皇太极这么做并不是收买人心，而是兄弟之情的自然流露。

皇太极即位后，曾经作出一个规定：限制诸王贝勒的侍卫人数。代善却要赌气，有一次，他不带侍卫，自己牵着马，夹着褥垫去见皇太极。很显然是故意做给皇太极看的。皇太极看后，并没有说什么，这位大贝勒只好无趣地回家去了。

皇太极称帝的第二年，代善违反规定，为自己多配了十二名侍卫，并说，皇太极的护卫也超过了定额。皇太极当众对证，最后证实他的侍卫人数不但没有超额，反而还不足定额。群臣商议，拟将代善亲王爵位革除，并罚银一千两。而皇太极却下令对代善免除刑罚。但一个月后，将参与审问此案并在审问过程中偏袒礼亲王代善的户部参政恩克诛杀。

清崇德二年，在进行第二次征伐朝鲜的战后点评时，皇太极认为："诸王以下，诸将以上，多违法妄行，命法司分别议罪。"刑部审议后，认定礼亲王代善以下共计64人犯有不同程度的罪过，分别判处24人死刑，13人撤职，5人鞭刑，22人罚款处分。这其中有皇太极的儿子、哥哥、弟弟、侄子、驸马，这些皇亲国戚占到受处罚人数的1/4左右。以代善为首，这些人全部受到了处罚。

代善父子的尴尬境地一直持续到岳托病逝才结束。清崇德四年（1639年）四月，正在征明途中的清右翼军主帅扬威大将军岳托在攻克济南之后，不幸染上天花病亡，时年41岁。

代善另一子萨哈廉也早已因病去世。代善一系势力大减，再也无力让皇太极有危机感。

从此以后，皇太极不再处处为难代善。

皇太极作为一个出色的政治家，很懂得运用权力之道，更懂得如何驾驭自己手下的人才，他不断运用自己的政治手腕，对于自己统治下

第四章 皇太极对你说用人

的人才进行一定压制，不让他们脱出自己的掌控范围，这种以制求衡的策略，完美地控制了自己手下的高层人才，使得自己能够掌控权力，并且，此时大清才真正进入了帝权独尊的时代。

制衡之术，就是将权力分散开，并且将权力之间相互制约，起到一种相互约束的作用，以达到一种平衡的状态。制衡之术是权力掌控者实施有效的权力管制。我们这里讲到的"制"和"衡"并不同于制衡术中的"制衡"。这里的"制"是要以一种适度的压制、打压，使得下属能够在自己的掌控中，"衡"就是在下属和自己的权力之间，达到一种平衡。值得注意的是，这里的平衡并不是平等均衡，而是领导者掌控权力，下属在领导掌控之内进行权力的实施的均衡，即下属不会超出领导者的掌控范围的平衡。

人才之所以重要，就在于他们在某一方面有着超越常人的能力，而作为能力突出的人才，总有着与生俱来的高傲。他们由于自己的突出能力，会对包括领导在内的所有人有着一种不可低头的态度。这就给用人者的管理带来一定难度。用人者针对这种情况，就要适当运用以制求衡。"制"绝不是压制打压人才，而是要消磨他的棱角，要在充分发挥人才能力的前提之下，运用手段消磨人才的傲气，在各方面达到人才和领导之间的关系的平衡。

若要人才发挥他的才能，一定要给他一定权力。这些权力在下放的过程中，很可能造成人才对权力的欲望的增强，进而使得人才私欲变盛，开始和领导进行权力的争夺。面对这种情况，领导者要学会以制求衡的驭人之术。领导者要在给予人才充分发挥自己才华的权力之后，适当加以限制。人才在自己的能力范围内，得到的权力要一丝不少，这样他在施展才华的过程中才不会束手束脚。但是他如果企求不应该的得到的权力，用人者要毫不留情地进行削弱和剥夺，进行必要的"制"。只有这样，在权力的运用上，用人者和人才才能够达到一种平衡的态势，才能够保证团体运行的平稳。

以制求衡，重点在制，目标在衡，在对人才的任用管理中，以制求衡可以达到很好的效果，既能够激发人才的积极性，又能够稳定团队内部环境，使得团队在稳定的环境中稳步向前。

善于借助外来之力

一个人的力量总是有限的，一个人想要获得成功，就一定要善于借助外界的力量。用人者作为领导，不能局限于自己的小圈子，要学会打开视野，扩充自己的思想，汇集四面八方的资源，充实自己的实力。这些资源中，有些是我们固有的资源，有一些是我们没有的资源，这时候，我们就要学会借助外来之力。

皇太极在一统天下的过程中，一方面依靠着女真族强悍的军事实力和勇猛的军事将领；另一方面，还依靠着为他出谋划策的汉人谋士和冲锋陷阵、安抚百姓的汉人将领。

努尔哈赤的一生中，都在女真内部进行征伐统一的战争，在努尔哈赤晚年，才开始进行过对明朝的征讨。但是一直以来，努尔哈赤只注重对于女真族的人才的任用，对于汉族的外来人才，努尔哈赤虽然也任用，但是并没有让他们担任什么重大的职务，发挥不出他们的才能。

皇太极继承汗位之后，形势发生了转变。皇太极面对的，不仅仅是

女真内部的战争，也不是以掠夺为主的对明朝的袭扰，皇太极面对的，是要进攻大明，是要占领明朝的土地，拥有明朝的人民。形势的变化，需要一个全新的人才队伍，皇太极重新审视自己的人才队伍时发现，自己的队伍中，女真的将领勇猛有余，而智略不足；开拓有余而守成不足。自己的人才队伍已经不适应形势的需要了。皇太极需要对人才队伍进行优化调整。

但是当时女真族是落后的游牧民族，他们的民族文化相比汉族来说，显得很幼稚，因此女真族中，能够适应形势，有能力应对未来发展的人才几乎没有。这在人才资源上给了皇太极一个难题。历史上，元朝的开国皇帝忽必烈，也曾经以自己的游牧民族征服过现今的汉族土地，但是遗憾的是，忽必烈最终没有彻底接受汉人，也不能被汉人接受，后来只好败退回草原。皇太极作为英明的政治领袖，他明白自己的队伍要想适应将来的形势，要想将来在征服大明土地的同时能够征服大明的人心，就要借助汉人的力量，于是皇太极制定了优待礼遇汉官汉儒的政策。

皇太极心里很清楚，后金要进一步发展与巩固政权，没有汉官与汉儒的合作支持是不可能的，所以他当上大汗之后，立即改变政策。在"治国之要，莫先安民"的大方针下，他宣布"满汉之人，均属一体"，并采用具体步骤，从多方面改善汉人的政治、经济状况，化解满、汉之间的冲突与仇恨。

皇太极对汉官汉儒的优礼是多方面的、多种方式的，如：

1. 他制定具体政策来优待归降的汉人。如现任明官来降的子孙可以世袭父职；一般百姓杀掉当地官员来归降的，按功劳大小，授予官职。单身来降的，由国家"恩养"；率众来降的则按功授官。这是为招揽更多汉官加入后金政权的利禄收买政策。

2. 皇太极宣布不杀汉人降官降民的命令。皇太极不但对来降的汉官一律收留，无不恩养，给饭吃，给衣穿，给房住，甚至还配给妻室。同时他命令部下不得杀害降官降民。天聪四年（1630年）后金兵攻打永平，明朝户部郎中陈此心归降后又逃跑，结果被八旗兵捉到。经审讯，判为死刑。皇太极不同意，并说业已恩养，当无被杀之理。他认为陈此心既不愿在后金，便让他回原籍老家。更令人意外的，皇太极还赐送陈此心二匹马、四头驴、银二十两，让他带着妻子仆人一起离开。天聪五年，大凌河城战后，明监军道张春被俘，他不向皇太极参拜，不肯剃发，也不接受封官。皇太极也没有杀他，让他住在三官庙中受恩养度日。

3. 皇太极对归降的汉官必赐物赐宴。不论来降的汉官人数多寡，皇太极都会赐物并亲自宴请。大凌河城一役招降的汉官多达一百多人，他在内廷举行大宴会欢迎他们，并赏赐他们奴仆一千五百二十四人，牛三百一十三只，另加屯庄和大量土地。孔有德、耿仲明、尚可喜等人的来降，也受同样的优礼待遇。

4. 皇太极以科考方式改变汉人知识分子的奴役命运。天聪三年（1629年）八月，皇太极特降谕旨说：

朕今欲振兴文治，于生员中考取其文艺明通者优奖之，以昭作人之典。诸贝勒府以下，及满、汉、蒙古家，所有生员，俱令考试。于九月初一日，命诸臣公同考校，各家主毋得阻挠。有中者，仍以别丁偿之。

此次考试得中者二百人，他们从八旗各家中"拔出"，不再当奴隶，同时考中的人还按考取的等级，获得缎布奖赏，优免二丁差徭。天聪八年三月，又举行了一次汉人生员考试，取中一等的十六人，二等的

三十一人，三等的一百八十一人，共为二百二十八人。皇太极举办这种考试，改变了奴仆的命运，所以当时有"仁声远播"的赞语。

5. 皇太极对旧汉官同样优礼，范文程就是一个好例证。在努尔哈赤时代，范文程未受重用，皇太极继承后金大汗后，范文程变成"召直左右"的大员。其后"军国大计，文程皆与谋"。范文程到大清国建立时，升官为内秘书院大学士，是为清朝有汉人任相职的首例。

皇太极在位期间，清朝大量任用汉臣，皇太极从汉臣那里得到了中原王朝的治国之道，完善了清朝的各项制度和礼仪；在军事上加紧了对明朝的进攻，在收服了朝鲜和蒙古的同时，完成了对明朝的战略包围。在这当中，借助汉人的力量起到了很大的作用。

总之，皇太极的优礼官汉儒，实际上就是一种拉拢、收买的政策，目的是争取他们为满族政权效命。事实证明皇太极的这一手段是成功的，很多汉族官僚拜倒在这位大清皇帝的脚下，为他辅佐国家，为他实心效命。皇太极也正是借助这些汉人的力量，才能够最终统一中国，达到自己事业的顶点。

所谓借力，就是"借用"自己以外的各种资源，以帮助自己达成目标。因为我们每一个人思维和能力都有局限性，我们的梦想远远超出我们现有的能力，我们需要开阔思路，我们需要资源，我们需要融汇各种思想，汇集四面八方源源不断的资源。在这些资源中，有些是我们拥有的，有很多是我们没有的。因为我们缺，所以我们要借。

"人"字的结构是相互支撑的。一个人要想在事业上获得成功，除了要靠自己努力奋斗之外，学会借助他人的力量也是很重要的。一个人只有善于借助他人的力量，才更容易取得成功。《荀子·劝学》中有这么一句话："君子生非异也，善假于物也。"说的就是人要善于借助别人的力量，来扩大自己的视野，增加自己的度量，延长自己的生命。

一个孤独者，不是野兽就是伟人。然而，即使是伟人，他的身边也不可能连一个亲人、朋友都没有，更何况我们中大多数只是普通人，更不可能在生活的急流中孤军奋战。借助他人的力量前行，不仅是一种技巧，也是一种智慧。

他人有时可以成为我们接近或走向成功的桥梁，特别是那些德高望重的名人，他们的力量是帮助我们走向成功的捷径。从古至今，借助名人之力而获得成功的事例有很多。

西汉的刘邦就善于借助他人的力量。刘邦出身低微，学无所长。文不能著书立说，武不能挥刀舞枪，但他天生豪爽，有胆有识。他能够斩白蛇起义，云集四方豪杰，无论是哪种背景的人，即使是敌方的人，最后都能为他所用。如韩信、彭越，这些享有威名的杰出将才，原先都是他的死敌项羽手下的人。至于刘邦身边的谋臣武将，如萧何、曹参、樊哙、张良等，都是他早期小圈子里的人，萧何、曹参、樊哙更是刘邦的家乡故邻、亲戚六眷。他们在刘邦楚汉争战中，竭忠尽智，在他们的帮助下，刘邦建立了西汉王朝，奠定了自己的霸业。

明朝皇帝朱元璋也是一个善于利用他人之力的人。当年，他准备起兵反对元朝的统治，当其势力发展到一定程度、想建立一块根据地，以便与陈友谅、张士诚等反元势力一决高下的时候，他的谋士朱升为了不使他成为群雄攻击的对象，建议他"高筑墙、广积粮、缓称王"。朱元璋听从了朱升的建议，开始积蓄力量，壮大自己，最后力战群雄，建立了大明王朝。

一个人即使是天才，他也不是全能的。所以一个人要想快速完成自己的事业，不仅自己要拥有过人的才智，还要借助他人的力量。这就需

要我们在事业的征途中，学会有效地借用他人的力量。

　　要想巧妙借到"力"，必须要懂心法，必须要让对方也得到好处。这样你才能将"我用"转化为"我们用"。要做到这一点，事前你可以描画"共同目标"，帮对方分析事成之后会给对方带来什么好处，然后让对方参与，达成共识，最后一起行动，一起分享成果。所以说，借力并不难，只要你能够做到从心开始。

　　俗话说："三个臭皮匠，顶个诸葛亮。"任何人身上都有自身所具备的优点，只要我们能学会发现身边的人，尤其是身边朋友的优点，我们就可以和他们合作开展共同的事业，会让自己也扶摇直上，事业如日中天。

鹰扬天下

皇太极有话对你说

第五章

皇太极对你说 领导力

　　领导是一个团队的核心和灵魂，各种领导角色都有一个共同的特性，就是领导者必须以特定的方式激励或影响他人，以达到团队发展前进的目的。领导者的角色实际上就是要释放团队成员的精神热情以促成其主动性、创造性和创业精神，从而实现团队的发展壮大。总结起来，领导者最重要的实力，就是领导力。在皇太极身上，就洋溢着这样一种领袖气质，现代的领导者，培养自己的领导力是至关重要的。

牢牢掌控下属

一个领导者，要保证自己地位的稳固，就要学会对下属的掌控，只有把握住下属的思想和精神，让下属在思想和精神上认定自己的领袖地位，才能够保证自己领导力的发挥。

天聪九年（1635年），曾经强大的蒙古察哈尔部已经灭亡，与明交好的朝鲜亦被征服，对后金"称弟纳贡"。后金的三大敌国中只剩下一个大明了。

此时发生了一件令举国上下欣喜若狂的事，皇太极意外地获得了历代的传国玉玺。按群臣的解释，这意味着天命"归金"，上天已经允许皇太极为命世之君了！从九月直到十二月，群臣上表恭贺欢呼，不绝于朝。

有人提出意见，即给大汗上尊号，推举他"顺天应民"即皇帝位！

这年年底，诸贝勒大臣作出决议，命文馆儒臣希福、刚林、罗硕、礼部启心郎祁充格代表全体臣僚上奏大汗：今察哈尔投降，朝鲜归服，又得传国玉玺，天助象征已呈，恭请大汗应天命以践大位为后金皇帝！

皇太极对匍匐在他面前的群臣说："现在，察哈尔、朝鲜诸国虽已臣服，但大业未成。成大业前先受尊号，有违天意。比如我考虑要晋升某一贤者，若这人不等晋升就先妄自尊大起来，那么，我就认为不对……"

诸贝勒大臣心知肚明，这样的事都要表示一番"谦逊"。于是他们就再三恳求、上书。

一直过了半日，皇太极仍不答应。

有的大臣认为大汗是真心不同意，就不再强其所难了。

但是代善的儿子萨哈廉看出了其中的玄机。他和希福、刚林等人商量一番之后，再去恳求。

他们对皇太极说："大汗不受尊号，过错全在我们诸贝勒，因为我们不修养各自的身心，不为汗主尽忠信，不行仁义，所以汗拒绝不受。如果说：贝勒全是忠信，那么莽古尔泰、德格类为什么犯上作乱呢？现在，诸贝勒都表示愿意立誓作出保证，修身谨慎，以尽臣道，大汗才会接受群臣所请。如果一再拒绝尊号，恐怕上天会不高兴的！"

皇太极听了希福等人的话后，果然高兴了，他说："萨哈廉的话，对我深有启发。他的心意我明白，一是为了我，二是为了后金的事业。我一定重新考虑群臣的建议！"

当晚，他就召集在朝的汉官，征求他们的意见。

在这种事情上谁也不敢有所怠慢，因为一般情况下积极拥戴有功，犹豫怠慢获罪。那些汉臣更是紧紧抓住这个时机，表明自己的态度。

范文程、宁完我、鲍承先、梁正大、齐国儒、杨方兴、李永芳等上奏力劝皇太极："随从天象行事，获得玉玺，各处归服，这本就是天意。在这时，顺民心、受尊号、定国政，是非常恰当的！"

第二天，萨哈廉立刻召集诸贝勒说："大汗已同意上尊号了，只是担心大家的操守和德行，望大家快写个誓言呈上！"

在这关键时刻，谁都愿意跑到前边以表忠心，都答应立刻写好送到萨哈廉这里来。

隔了一天，萨哈廉把贝勒大臣们的誓言收齐了，呈给皇太极。

皇太极认真地看了，指示说："大贝勒（代善）年纪大了，可免

立誓，萨哈廉正在病中，他拖着病身为朝廷东奔西走，太劳累了，可在病好后，再立誓。"又说："诸贝勒的誓词中，不要写以前没有悖逆的话，要立誓今后以忠信为生，勤于政事。保证不向闲散无权大臣、自己的部属、妻子谈论国家机密政事，如心怀恶意，言不由衷，将来触犯所立誓言，难免招致死罪，那会使我很痛惜的！"

皇太极认为他们的誓言不够恳切，"卖身契"写得还不够狠绝！

因为不久之前，代善刚被大汗宽赦，现在大汗又给留足了面子，他也不敢拖拉，立刻向皇太极表示："大汗考虑我年纪大了，怕我触犯誓言而死，这是对我的恩爱。但我若不和诸贝勒一齐立誓，会吃不安睡不宁的！我请求大汗允许我和大家一同立誓。虽然我愚笨、健忘，但我立了誓言，就会严于律己，就会把国家大事记在心上！"

皇太极感动地说："大哥，你放心，我离不开你！需要你参加的国家大事，是决不会把你放在一边的！你的忠心是无可置疑的，还立什么誓呢！如果你非立誓不成，想给子侄们做个榜样，那就随你吧！"

那就是说：还是立了誓的好。

十二月二十八日，诸贝勒各将自己的誓言重新改了几遍，然后一齐焚香下跪对天发誓。

仍是代善领头。他拉着长声喊道：上天呀，我代善从今往后，若不公正为生，像莽古尔泰、德格类那样做坏事，天地谴之，我代善将遭殃死去！

如果对大汗不尽忠竭力，心口不一，天地知道，我代善将遭殃死去！

平时，无论哪个子侄做出像莽古尔泰、德格类那样的坏事，我代善知道后而不报告给大汗，我代善将遭殃死去！

如果把与大汗共议的秘密向自己的妻子和其他闲人透露，天地谴之，我将遭殃死去！

如果我代善对皇帝竭力尽忠为生，那么天地眷顾，寿命延长！

在代善之后，贝勒阿巴泰、济尔哈朗、阿济格、多尔衮、多铎、杜度、岳托、硕托、豪格……都宣读了类似的誓词。然后对天礼拜，把誓词焚毁。

立誓的这些人都是皇太极的兄弟、子侄。他们大都手握重兵，且能征惯战，把持着全国的军政大权。这不能不使皇太极有所疑虑，存有戒心。宣誓的目的就是让他们进一步效忠自己，忠于皇帝。

誓词中都明确了是与非，当然，标准是以皇帝的利益为准。

正好这天外藩的诸贝勒也赶到盛京来了，他们觉得躬逢盛事，也赶紧凑热闹，也请求皇太极上皇帝尊号。皇太极说："好呀，既然你们也都愿我定尊号，可见天下同心。不过朝鲜王是我的兄弟，也该通知他知道。"于是派使节骑快马到朝鲜下敕令去了。

天聪十年（1636年）三月二十二日，在后金的盛京沈阳，举行了请求大汗上皇帝尊号的仪式。仪式的规模虽不太大，但十分隆重。

先是蒙古十六部四十九贝勒一齐朝见大汗，联合请上皇帝尊号。

接着，都元帅孔有德、总兵官耿仲明、尚可喜等各率属官请求大汗上皇帝尊号。

然后满洲、蒙古、汉官内外文武群臣联合请大汗上皇帝尊号。这表明皇太极即皇帝位是天命所托，众望所归。

这时，皇太极才以"顺天应民"的姿态，堂堂正正地坐上了皇帝的宝座。

他说："尔诸贝勒大臣等，以朕安内攘外，大业浃臻，宜受尊号，

两年以来，合辞劝进，至再至三，朕惟恐上无以当天心，下无以孚民志，故未俞允。今重违尔等意，勉从众议。朕思既受尊号，当益加乾惕，忧国勤民，有所不逮，惟天佑助之！"

从天聪十年四月开始，皇太极正式即皇帝位，改元崇德，定国号大清。他死后，庙号为太宗。

皇太极在做皇帝这件事情上要王族们立誓，满族人有拜天的习俗，这是北方游牧渔猎民族古老传统的遗风。凡有关人生大事、国家重大活动，都要举行拜天的仪式。国与国、民族与民族、政权与政权之间，遇有政治或军事缔盟，也以拜天、祭天的形式，共同宣读誓词，以昭信守。推而广之，在一家族中，同样以此形式表明各自的决心和信念，藉以维系家族内部的秩序和上下和谐。太宗要求并率领诸兄弟子侄采取拜天的仪式也出于同样的目的。精明的太宗深知自己即位未必人人心服，自感地位并不巩固，所以，要他们各说自己的心愿，实际是向他表忠心，赌咒发誓，利用人们敬畏天命的心理，兑现自己的诺言，也就是服从他的治理，其目的是用天的意志来约束他们的言行，达到上下同心同德，人心安定，维护他的地位。

作为一个领袖，皇太极无疑是成功的，对于一个领导来说，首先要有拥护自己的部下才能够称之为领导，所以，一个人想要做成功的领袖，就要能够掌控住自己的下属，让他们团结在自己的周围，只有得到了下属的拥护，才能够确立自己的领导地位。

对于下属的掌控，领导者可以使用多种手段。在皇太极之前的时代中，汉族皇帝很注重自己领导力的确立。自古出身较低的帝王，都会对自己的身世进行一种带有神话色彩的宣传，以便在精神上掌控下属。作为游牧民族出身的皇太极，在神话宣传上还不能够和汉族的皇帝相比，但是他另辟蹊径，将掌控下属的手段和自己本民族的特色相结合。在登基皇位之前，让自己的下属进行了一次又一次的誓言保证，这在一定程度上保证了自己的领导地位。

现代社会，领导者掌控下属已经不能够通过这种神话迷信的手段进行，但是，还是要注重对下属的掌控。这时候，就要求领导者运用符合现实的手段，和下属搞好关系，确保自己的领导力。

现代领导，对于下属掌控的实现，多数是通过情感管理来实现的，在上下级关系中，多加入温情因素，减少麻木的金钱关系。恰当的关怀可以留住许多用金钱、权力等留不住的员工。许多优秀人才都是被上司用感情锁住了他们离开的脚步，保证了领导者的领导地位。

在人们的印象中，上下级关系大都是冷冰冰的，如果要对下属好，就发给他们钱。其实，钱很多时候并不能达到理想的效果，就如炒菜，如果你不在菜里加点佐料，炒出来的菜肯定无滋无味。相同的道理，如果领导者在发给员工金钱时加入一点感情佐料，就会让管理效果更有味道。

英国的马克斯·斯宾塞公司是英国最注重奖金的公司，但他们将福利和奖金作为激励职工积极工作的动力的同时，还对职工体贴入微，如建立高质量的餐厅，为退休职工购置住宅等，这些措施，大大增强了公司的凝聚力，鼓舞了员工的斗志，使他们都以自己能在该公司工作而感到自豪。

一个周末的晚上，有一个恐怖分子在马克斯·斯宾塞公司的马布尔·阿奇分店的橱窗里偷偷放置的一枚炸弹爆炸了，相邻的几家商店也因此受到影响。

爆炸声惊醒了这家分店的员工。虽然第二天是休息日，但该店的员

工们却在没有人号召的情形下，一早回到店里，清扫一片狼藉的店堂，更换橱窗上的玻璃。到了第三天上午，周围的商店刚刚开始清扫商店内的爆炸碎片，马布尔·阿奇分店已经开始正常营业了。

这就是掌控下属的力量，通过对下属的感情掌控，该公司能够充分调动员工的积极性，让他们自主进行经营活动，在这样的公司中，领导者的地位是无需担心的，因为即使最下层的员工，都会发自内心拥护自己的领导者。

领导者想要巩固自己的领导地位，就要千方百计让下属真心拥护自己，所以领导者领导力的体现之一就是能够牢牢掌控住下属，让他们为自己效力。

保持对领先的不断追求

一个人身为领袖，就不能固步自封，而是应该看到现实的情况，对于当时的先进文化和制度保持不断的追求。只有这样，才能保证自己的团队不被时代的潮流所抛弃，才能保持自己的先进性，在竞争中获取主动。

在民族的发展过程中，由于汉族经历了千百年的农耕文明，从社会文化到制度礼仪，在很多方面、很大程度上，都优于长期游牧的女真人。在这种情况下，想要征服一个先进的民族，作为领导就要尽自己的努力，学习他们的先进文化和制度。身为当时最高领袖的皇太极，身上就有这样一种不断追求先进的态度，他不断开拓进取，在开拓过程中，他不断吸收汉族文化制度中的精髓，不断向先进文化学习，迅速成长，并最终在和明朝的较量中，屡屡获胜。

皇太极是个倾心于汉族文化的人，对于当时处于领先地位的汉族文化，他不但不以狭隘的心态对待，相反地，他是以宽广的心胸学习、借鉴汉人文化，特别重视汉人的政治经验。

前文提及过皇太极命令设立文馆，任命文臣翻译汉文典籍。

皇太极从汉官建议与汉文翻译的中国古书中，知道治国"以人才为本"，有了好的人才佐理，"才能稳坐江山"，而"金之兀术、元之世祖，皆能用汉人以成事业者也"。同时他也了解了发现与使用人才的途径有推荐、考试、自荐等等。天聪三年，他下达命令，要大臣们积极推荐人才；他说：满、汉、蒙古各族人中，具有谋略可胜任军政职事的人，你们大臣将所见的写报告来，我可从中选任。天聪九年，他也下过类似的命令，要大臣们推荐有"深知灼见、公忠任事"的人，以备他任用。选拔人才常有嘱托、亲故关系、互相标榜甚至营私结党的弊端，所以皇太极又制定了"功罪连坐法"以防止奔竞、取巧的不实荐举。在天聪三年，皇太极首度举办了汉人行之已久的科举考试。这一年的九月初一日，正式举行考试，参加的满、蒙、汉各族知识分子好几百人，结果录取了二百位。对于这次考试，皇太极下令不分民族、不论地位，凡有实学才能的都可以参加，所以他允许他的属下及诸贝勒手下的奴隶，还有在满洲、蒙古家为奴的人，都可参加考试，一经录取，就可以从原来的奴隶地位升格出来，免除为奴的身份，按录取的等级获得奖赏和优免差徭，并赐给缎布物品，然后等待录用。天聪八年，在皇太极的指示下，又举办了第二次科举考试，结果得一等十六人，二等三十一人，三等一百八十一人，总计录取二百二十八人。后金汗国办科举，不论门

第，不分民族，不论出身，唯才是举，实在难得；不仅有公平、首创的意义，同时也使后金得到大批人才，这对巩固当时的政权及推动满族社会的发展起到了很大的作用。皇太极确实是个怜才爱才的君主，他对于自荐的人也十分重视，当时有汉族生员刘其遇、刘宏遇久未得官，向他写了报告自荐。皇太极命范文程考核他们，结果录用了刘宏遇，也免去了他们兄弟二人的部分徭役。

皇太极不但用汉人方式选录人才，他更了解这种治标的方法不够，还应该进一步培育人才，因此他在天聪五年降谕说："朕令诸贝勒、大臣子弟读书，所以使之习于学问，讲明义理，忠君亲上，实有赖焉。"他并规定："自今凡弟子十五岁以下，八岁以上者，俱令读书。"在后金汗国做官的汉人非常赞赏皇太极的这一政策，纷纷上书喝彩支持，其中胡贡明的报告最为具体，他说：

皇上谕金、汉之人，都要读书，诚大有为之作用也。但金人家不曾读书，把读书极好的事反看着极苦的事，若要他们自己请师传授，益发不愿了，况不晓得尊礼师长之道理乎！以臣之见，当于八家各立官学，凡有子弟者，都要入学读书。

胡贡明又建议聘请"有才学可为子弟训导者"为老师，教学内容"小则教其洒扫应对进退之节，大则教其子、臣、弟、友、礼、义、廉、耻之道"。他的上奏得到皇太极允准，这就是清朝八旗官学的由来。

在皇太极执政时期，最深度汉化的事是仿照明朝制度设立六部。后金汗国的政权体制基本上是沿袭以八旗制为特点的体制；原本是一个军事制度，却被用来代替国家行政机构，以军职的旗主兼管行政事务与社会生活。从上层的统治人员到下层掌权的小官，几乎都是满族人，汉人不能分享政府权力。可是后金取得大辽东地区后，占领区中被统治的大

清昭陵——皇太极陵园

部分是汉人，原有的八旗制不能适应时代的需求了，改制势所必然。

天聪五年（1631年）八月，皇太极在设立文馆后不久，下令仿明制设六部，使国家行政机构更趋于完善。六部就是吏、户、礼、兵、刑、工六个中央主要执行政令的单位，明确分工，提高办事效率，也藉以集权中央，增高皇权。明朝的六部直属皇帝，皇太极时代因八家共治仍在盛行，一时全部改革，势必不能，因此当时的各部不设尚书，由八旗主旗贝勒分别掌理部务，下设承政、参政各官，以满、蒙、汉各族人担任，这也做到了利益由各族人分享的目的。建议设立六部最热心的人是宁完我，他向皇太极上书说："我国六部之设，原是照蛮子家（指明朝）立的。"承认这是"金承明制"。又说："使去因循之习，渐就中国之制。"也表示后金政体有些问题，现在逐渐仿行"中国之制"。还有他一再强调，虽仿行汉制，但是"有一代君臣，必有一代制作"，明朝制度也不必全盘采用，应该"参汉酌金"，使金国施政得以顺利进

行。总之，皇太极设六部这项政治体制改革，确是女真人政治体制"汉化"的一个开端。

皇太极即位不久，便调整治理汉人政策，设文馆、六部，办科举、官学，每一个措施都表示了他对汉人文化的倾心仰慕，也说明了他有远大眼光，能顺应历史潮流。他的目的不仅是安定政权，增强皇权，同时还有消灭明朝，主宰中国的长远目标，正如宁完我说的："日后得了蛮子地方，不至于手忙脚乱。"

皇太极作为后金政权的最高统治者，作为大清王朝的开创者，就是这样保持着对先进的追求。对于浩如汪洋的汉族先进文化，他就像一块海绵一样，不断吸收、学习，并进一步消化、成长。皇太极也正是凭借着身上这种不断追求领先文化的气质，最终获得了自己的成功。

随着科技进步的发展，社会文化的进步，现代的经营领导者，尤其是较大部门、企业的经营领导，所面对的情况也变得越来越复杂。领导者如果不保持自己对先进性的追求，不掌握日新月异的科学技术知识和领导知识，固步自封，事事都靠所谓的经验进行领导，那么，团队将会在这样的领导的带领下最终走向灭亡。

现今社会是一个高度信息化竞争的社会，要想有一番事业，绝非侥幸可得；而好不容易历尽艰辛，坐上领导位置的人，也不能因目前的成功而沾沾自喜，停步不前。因为世界在快速变化，以前所学的知识，永远赶不上企业环境变化的速度，一切都在不断更新，经营者只有时刻充电，活学活用，才能不断提升自己的领导能力。

面对日益复杂的市场关系、日益进步的科学技术和各种领导手段、日新月异的领导理念，作为一个领导者，只有不断地学习才能应付一次又一次时代大潮的冲击。

学习能力的提高直接受一个领导者对学习重要性认识程度的影响。因此，要提高学习能力，最重要的是端正学习态度。

首先，身为领导要端正对现有知识的态度。一个领导者为了保持自己的先进性，要有一种从零起步的心态，也就是所谓的"归零学习"。新世纪的企业经营者每天都应心态归零，即永远从零开始，对周边环境的变化要有足够的敏感度，然后时刻不忘记学习，为迎接明天的挑战作准备，切不可迷恋眼前的成功。

另外，为了保持自己的领先地位，领导者要进行触类旁通的学习。一个人知识越多，其聪明、智慧、才干就越有增长。培根曾说过："阅读使人充实，会谈使人敏捷，写作与笔记使人精确。……历史使人明智，诗歌使人浪漫，数学使人周密，哲学使人深刻，伦理使人庄重，逻辑与修辞使人善辩。"但人的精力是有限的，"门门精通"往往是"门门不通"，尤其是作为领导者，要学会选择，在某些领域要学会做"外行"。

"外行"是说经营者对于具体部门的业务和技术等不需要过多掌握，因为经营者个人的精力毕竟有限，而任何一门知识，尤其是有关技术知识，要想做到融会贯通，就要付出辛勤的汗水，这样，经营者成为全才的机会成本就会变得很大。但为了有利于跟下级的交流和对其进行指导，领导者还要懂一些具体业务的"皮毛"，做一个"外行人眼里的内行，内行人眼里的外行"。

领导者在日常充电的过程中，除了要有平和的心态外，还需要有追根究底的精神。现代企业领导者每天必须不断检视和自省，除了要能控制住自己的浮躁、自满情绪的心态外，还应仔细研究问题，深入思考，这样才有利于思维的创新，从而做到对新知识、新理念的深入把握和灵

活运用。

　　领导者为了保持自己的先进性，还要抱着一种走出去的态度。学习能力的表现之一便是善于发现学习的对象，能从不同地方找到自己所欠缺的东西，扬长补短。因而仅仅局限在一个小的范围内，视野得不到开阔，久而久之就会变成"井底之蛙"，从而"夜郎自大"，最终丧失学习的动力和能力。只有走出去，不断面对新的事物和不同的观念看法，才能找到差距，产生学习的要求，发现学习的目标。

　　身为领导，在自己追求领先的同时，还要带动自己的团队和组织共同追求先进的文化。未来对学习的要求，绝不仅仅是对领导者个人学习能力的要求，更重要的是对整个组织成员学习能力的要求，这就要求领导者不仅要关注个人学习的情况，更要关心整个企业的学习情况，改变组织结构，使之扁平化、开放化，创造学习的氛围，这一切都是一个有学习能力的领导者应该做和必须做的。只有整个组织观念的更新、方法的进步，才能使领导者有一个施展新知识、新能力和新观念的平台。

　　总之，身为一个领导者，不可或缺的素质就是能够保持对于领先的追求，不断学习，不断吸收先进的知识，让自己和自己的团队能够处于时代潮流的领先地位，只有这样，才能够保证自己的团队能够经受住时代风浪的冲击，获得竞争的成功。

功劳不可独吞

　　一个领导者想要获得下属的敬仰，不仅要身居高位，更加重要的一点是在获得成功的时候，能够不独占利益，将得到的成功和下属进行分享。只有这样的领导，才能获得下属的敬仰和信赖，才能够用自己的气质吸引下属聚集在自己周围，共同为更大的成功而努力。

在后金和明朝正式开战之后，发生的第一次重大的战役，就是萨尔浒战役，萨尔浒之战前后打了三大战役，不到十天就决定了胜负。这是努尔哈赤和明朝进行的第一次大规模的战争。这一胜利，对后金的存在、巩固和进一步发展有着决定性的意义。

沈阳故宫

当时明军失败的原因是多方面的。当时明朝在位的明神宗一辈子没做点什么大事，到了晚年，在大臣们一再吁奏下，认识到了辽东边防已是岌岌可危，才下决心调兵集饷打这场大仗的。不过他和他的臣僚们没有估计到努尔哈赤会有这么大的势力和能量。以为"大军一到，边寇即可服伏"。这样的情绪在当时也影响到了领兵的将军们。

当时的明军统帅杨镐虽看到了进剿的困难，但他顶不住朝廷的强硬催促，另外他也急于事功，想拿出点成绩来给朝廷看看，过去对他的处分是多么错误。就在这样的情况下，他才把大军送到了冰天雪地中。他终究不是个有才能的将军，一开始就把十万大军分成四路，好端端地把

自己的力量分散了，给了努尔哈赤各个击破的机会。

杜松曾劝他说："努尔哈赤已羽翼丰满，不可轻视。"杨镐没有理睬。

刘綎和杨镐早就有矛盾。他说："从宽甸到赫图阿拉道路不熟，地形不明，请求缓一步进军。"杨镐以为是对他个人的意见，就怒斥道："国家养士，正为今日。若再临机推阻，有军法从事耳！"

杜松、刘綎、马林等将军过去都战功卓著，进军前虽再三犹豫，却从心底里瞧不起努尔哈赤的八旗兵，认为他们比起国家的正式军队来只不过是有组织的草寇罢了。

将军之间的不和也是导致明朝失败的原因之一。情不和就志不协，他们就没法协调统一作战。杜松和马林两路大军被歼，刘綎竟一无所知！

这次大战，明廷文武将吏死者三百余名，军士死者四万五千八百余人，损失的马匹、枪炮难以计数。

取得战斗胜利的后金一方，虽然也有许多牺牲，但他们作为战胜一方，收获极大，据说：这次战后各旗的仓储都十分充盈。那大大小小的"额真"和战场勇将，几乎都成了富翁。一般士兵都获得了很大的好处。于是上下皆大欢喜，金兵们都盼望着再有这样的战争才好。所以说，士气高涨的政治意义比胜利本身重要得多。

在这次战斗中，后金朝廷中最得意的要算皇太极了。他从头至尾指挥和参加了三大战役。他的勇敢和谋略，全军上下有目共睹。在大军班师时，大汗在赫图阿拉城门外扎了彩门迎接。皇太极和代善、阿敏、莽古尔泰走在全军的前面。可是，大汗却只看着皇太极，还推开皇太极的卫兵，亲自为他拉着马缰。

皇太极急急地跳下马来，向父亲跪下。口称："孩儿不辱父汗之命，打败了来犯之敌，凯旋归来了！"接着从袖筒里拉出一方白绢交给努尔哈赤，上面写满了这次大战的收获和战果。

努尔哈赤接了，把皇太极扶起来，对他说："好孩子，有你这样的子孙，爱新觉罗一家就兴旺发达了！"

努尔哈赤的话，是当着几大贝勒的面说的，其用意他们当然十分清楚。他们嫉妒，他们羡慕，他们也替身为太子的代善抱屈。

代善带领贝勒、将军们在皇太极之后向大汗致敬，却满面愧色。也许是他多心，大汗看他的眼神是冷冷的。

努尔哈赤拉着皇太极的手，走向自己的五匹红马拉着的装饰得花团锦簇的大车。

"父汗，孩儿不敢接受这样的荣誉……"皇太极害怕地站住了。

"孩子，怎么了？"努尔哈赤问。

是的，自从努尔哈赤在建州起事，大大小小的战事不下百场，建立功勋的将军也以百计，他从来没有用这种方式嘉奖过任何人，最多也就是拉着立功将军的手，和他并辔走进赫图阿拉，在庆功会上，给他们这样那样的"巴图鲁"的称号。

"父汗，这场大战之所以取得辉煌胜利，不是我一个人的功劳。贝勒和五大将都立下了可载史册的殊勋。特别是大哥代善，没有他的相助，皇太极是无法完成父汗交给的艰巨任务的！"

他说这几句话时，在他身后的贝勒和大将们听得清清楚楚。

代善感动得低下头，用衣袖悄悄地抹着溢出眼角的泪珠。

别的贝勒、将军心里的不平和嫉恨也随之消失了。

努尔哈赤回头看了他的子侄和五大将一眼，对皇太极说："我儿有一颗金子般的心，父汗就不勉强你了！"说着他和其他三位贝勒以及五大将军一一拥抱，然后上马，和他们一齐并辔进城。

这日，赫图阿拉张灯结彩、锣鼓喧天。所有的人都拥到大街上迎接自己的亲人归来。第二天，努尔哈赤和皇太极、代善等带了大批财物，到牺牲了的牛录额真以上的军官家里去慰问，别的军官也仿效他们的样子，到牺牲了的部属家里进行安抚，这样一来，女真上下更加团结一心，期盼着事业有更大的发展。

过了几日，努尔哈赤召开庆功大会。除了皇太极外，努尔哈赤给了代善等贝勒、大将以各种称号和赏赐。

皇太极没有得到奖赏，大家都感到奇怪，有的甚至愤愤不平，竟有人联名上书大汗，请求对四贝勒予以应得的奖励。

努尔哈赤没有理会众人。

皇太极心里却没有不平，甚至比得到奖赏还高兴。大家都莫名其妙，为此莽古尔泰还去找过大哥。

代善叹口气说："没给四贝勒奖励，那就是最大的奖励。"

"我不明白，"莽古尔泰说，"大哥，你给说清楚呀！"

代善摇摇头，没有说话。

在萨尔浒大战结束后，努尔哈赤宣布把女真改称满洲。

在萨尔浒之战中，皇太极身先士卒，不惧危险，取得了赫赫的战功。值得注意到是，当努尔哈赤在进行奖励的时候，皇太极很谦虚地将功劳推给了别人，虽然当时的皇太极还不是最高的领导，但是在皇太极的身上已经体现出了作为一个领导应该具有的气质：不独吞功劳，将好处拿出来给大家分享。

优秀的领导者从来不会着眼于眼前获得的一点利益，他总是能够在功劳面前，谦虚地拒绝，将功劳分享给自己的部下。只有这样，才能够获得下属的真心钦佩。要想更好地统御下属，领导不仅要做到和下属之间"有难同当"，而且还要做到"有福同享"，把自己获得的成功拿出来，和下属一起分享，在欢快的气氛当中，把彼此间的情感推向一个新的台阶，为更进一步的驾驭打下坚实的基础。

不管是古代还是现实生活中，我们看到了太多"只能共苦，不能同甘"的事例。曾经一起努力奋斗的伙伴，往往最终都会因奋斗成果的分配问题而分道扬镳。作为一名领导者，在逆境时要与下属共渡难关，顺境时要与下属一起分享荣誉和成果，那么，你一定能赢得威望，得到下属的爱戴。

保罗·贝尔是美国著名的橄榄球教练，他在谈到自己的成功经验时说："如果有什么事办糟了，那一定是我做的；如果有什么事差强人意，那是我们一起做的；如果有什么事做得很好，那一定是球员做的。这就是使球员为你赢得比赛的所有秘诀。"

这不仅是一种驾驭技巧，也是一种个人风范，正是这种共享荣誉、分享成果的方式鼓励了球队里的每一个人，使球队建立起了非常坚固的团队精神，所以才会百战百胜。如果领导在企业中也建立起这样一种共享荣誉、分享成果的机制，一定会收到很好的效果。

领导者要成功驾驭自己的下属，就应该在获得各种荣誉后，通过各种形式与下属一起分享荣誉所带来的喜悦，使下属能够产生实现自身价值和受到领导器重之感，在以后的工作中，他们就会释放出更多的能量，同时也在无形中冲淡了忌妒心理。

有些领导者虽然也明白分享成果的重要性，但在获得荣誉时只是泛泛地说些"成绩是大家的"这类的话，认为这就是"分享成功、共享荣誉"。其实，这是起不了什么作用的，下属会认为这只不过是一句场面话而已，他们工作的热情不会因此而高涨，这根本无法达到驾驭的作

用。所以说，领导者在分享成功的时候，一定要有实际的行动，而不是泛泛之谈。

许多领导者对此都深有心得，有些主管在拿到奖金后，往往会请有贡献的下属一起聚餐，这其实就是一种荣誉共享，这不仅给予下属物质上的满足，更使其在精神上分享了荣誉。这是一种十分有效的驾驭方法，可以起到良好的驾驭效果。

有一位获得荣誉的领导，在全公司的表彰大会上饱含情感地把所有在工作中有突出贡献的下属的事迹一件件列举出来，甚至连一位休假时提前上班的下属也提到了。最后他说："荣誉是全体下属的，没有你们的努力，就没有我今天的成就。"他一边说一边向大家鞠躬，获得了非常热烈的掌声，每一位下属都被他感动了。

下属的眼睛是雪亮的，他们能分辨出你是否真心愿意与他们共享荣誉、分享成果，只有真诚的分享才能感召下属，鞭策和驾驭他们，让他们最大限度地发挥出自己的才智，推动组织和团队的发展。

领导和下属一起分享成功的喜悦，能够快速拉近彼此间的距离，获得更加独到的领导效果。更何况，领导的成功是下属成功的一种积累，领导把自己的成功拿出来和下属分享，是一种合情合理的事情。

领导者分享利润同样是一个很好的管人、用人策略。

吉田忠雄是日本吉田工业公司的总裁，被誉为"拉链大王"。据估计，吉田公司生产的拉链可以从地球到月球拉两个来回。

吉田忠雄之所以能够取得辉煌的业绩，与他独特的经营策略是分不开的。他曾说：我们以仁义、慈善对待别人，别人会以同样的方式回报我们。

吉田忠雄认为，利润是多方合作的成果，不能独享。因此，他采取了"利润三分法"，将公司所得利润一分为三：让利1/3给消费者，1/3给公司产品的代理商、经销商，1/3给公司的股东和员工。

按照公司的这一经营原则，吉田忠雄要求员工在本公司的储蓄账户上存款，因为公司付给员工的利息高于银行定期存款的利率，这一措施对员工产生了很强的吸引力。同时，吉田忠雄还鼓励员工购买公司的股票。凡在公司工作5年以上的员工，都可以购买每年18%股息的公司股票。吉田忠雄的这一做法，极大地调动了员工对公司投资计划的参与热情，保证了公司有足够的运转资金。

愿意与员工共享利润，能够培养员工的主人翁精神。员工一旦具有这种精神，就会把企业当作自己的事业，能够与员工分享利润是一种上等的管理方式。因为，共享利润带来的好处是多种多样的：

（1）有利于各种决策的顺利推行。

当管理者与员工共享利润时，员工自然会站在管理者的角度上思考问题。如此一来，管理者只要稍作引导，员工便能够理解管理者的做法，然后会有效配合管理者的工作。

（2）减少抱怨。

如果管理者不能与员工共享利润，员工只要稍微受到委屈，便会不停地抱怨。比如，"管理者为了挣钱，把我们当驴使"、"管理者一点儿人情味都没有，就怕多花了他的钱"等等。

然而，分享利润后，员工则不会出现这种类似的抱怨或不满。他们会认为管理者这样要求并不是为了他本人，而是出于大家的利益考虑。当有了自己的利益在里面后，不用管理者督促，员工也能按要求完成任务。

（3）杜绝浪费。

员工与管理者分享利润后，便会不知不觉地形成主人翁精神。当他们看到有人浪费时，就会理直气壮地告诉他："你浪费公司的东西，就等于浪费我的东西。我如果浪费了公司的东西，也等于浪费了你的东西。"

如此一来，员工们不仅会自觉地节约用品或原材料，而且会形成一种相互监督的机制。

管理者可以根据实际情况，在一定程度上推行共享利润的政策，这必会提高员工的积极性，带来良好的效果。

身为领袖，一定要注意培养自己这种领袖的气质，在荣誉和利益面前，不能够一人独享，要将自己的成就和利润拿来和下属分享。

集中领导权力

身为领导，想要获得绝对的领导地位，发挥自己的领导力，首先就要拥有绝对的权力。如果一个领导行使自己的领导权都需要征得别人的同意，那么这样的领导一定不能发挥自己的领导力。因此想要做一个优秀的领导，首先要集中所有的领导权力，做到大权独揽。

皇太极虽然获取了汗位，但是他并没有因此而大权独揽。实际的情况是，皇太极虽然处于最高统治地位，但是权力却并没有集中，而是分散在众多人的手里，因此，皇太极的领导地位也时时受到牵制。

努尔哈赤在去世之前，将自己亲自带领的两黄旗人口、土地、财产、牛录分给了阿济格、多尔衮、多铎兄弟。但是兄弟三人并没有接任两黄旗旗主。皇太极在一个恰当的时机，提出让三兄弟立即接任旗主。同时，他模仿老汗王自将两旗的做法，拿到了褚英之子杜度手中的正白旗。

这样一来，八旗旗主的格局发生了变化。皇太极一人独领两白旗，代善、岳托父子领两红旗，阿济格、多尔衮、多铎兄弟三人领两黄旗，阿敏领镶蓝旗，莽古尔泰领正蓝旗。

随后，皇太极在不变更人口、土地、财产等任何东西的条件下，征得多尔衮三兄弟的同意，将他的两白旗旗色与多尔衮三兄弟的两黄旗旗色交换。这是一个相当有心机的行为，通过这一调，皇太极就在诸大贝勒中占了先机。

黄色在五方（东、南、中、西、北）当中属于"中"，所以古代把黄色看成中央正色。隋唐以前的皇帝就开始喜欢黄色（周天子的服饰是玄衣黄裳），唐代认为赤黄近似日头之色，日是帝皇尊位的象征，"天无二日，国无二君"，故赤黄（赭黄）除帝皇外，臣民不得僭用。

但是，与其他三大贝勒并列而坐、共执国政的政治格局，限制了皇太极的君权。镶红旗汉官胡贡明一针见血地指出："皇太极是位徒具虚名之汗：贝勒不容于皇上，皇上亦不容于贝勒，事事掣肘。"

这里有一个例子：天聪三年（1629年）十月初二，皇太极决定亲自率领军队讨伐明朝。二十日，部队到达喀喇沁青龙城（今哈喇河套黑城）时，诸贝勒对远征仍有不同意见，大贝勒代善、三贝勒莽古尔泰不赞成征明，他们认为劳师远袭，如果粮匮马疲，敌人将会趁机攻击。并让诸贝勒等在御帐外，二人入帐与皇太极密议。三人商议的结果，少数服从多数，皇太极不得已决定停止远征。两位大贝勒出帐后，岳托等人

入帐，坚决主张进军。后来皇太极请八位固山额真一起到代善、莽古尔泰处劝说协商，直到半夜时才决定继续前进。部队出征的途中，还在为前进或者后退这两件事情上纠缠不休，可见皇太极此行之艰辛。

这一战围困了燕京，一举攻下遵化、永平、滦州、迁安几座城，使明军遭到重大打击。

汉人儒臣集团认为，共执国政是历史的倒退。贝勒们"谋家之心，非谋国之心也"，旗主各谋本旗私利，怎么会顾国之大计？这正是皇太极的心事。

如何才能大权独揽，成为名副其实的君主？这是皇太极一定要面对的问题。答案只有一个：必须彻底消灭一切可能危及其专制统治的政治势力。但是，如何消灭，那就需要战术了。

"术"是帝王必须掌握的一门技艺。战国时期的申不害对"术"有精到见解，他说："故善为主者，倚于愚，立于不盈，设于不敢，藏于无事，窜端匿疏，示天下无为，是以近者亲之，远者怀之。示人有余者人夺之，示人足者人与之，刚者折，危者覆，动者摇，静者安。"翻译过来的意思就是理想的君主应该看似平淡无奇，却能极其冷静地因势利导，见机行事，化解矛盾，解决问题。

皇太极显然深得"术"的精髓。

皇太极面南独坐有一个历史过程。这个过程经历了五年。

皇太极能够荣登汗位，除了他自身的优越条件外，三大贝勒代善、阿敏及莽古尔泰的忠心拥戴也起到了重要作用。因此，他对三大贝勒始终抱有感激之情。我们可以从座次的安排上看出他对三大贝勒的感激之情，皇太极给予三大贝勒特殊的优待，在朝会、庆典、盛宴、出征和迎宾等重大活动中，大贝勒代善、二贝勒阿敏和三贝勒莽古尔泰同皇太极一起面南并列而坐，四人同时接受其他贝勒和大臣的三跪九叩头礼。此外，皇太极也免去了三大贝勒的君臣礼，而对他只行兄弟之间的抱见礼。

皇太极同其他三大贝勒一起面南而坐，这种礼仪是十分特殊的，是同封建的集权制相抵触的。

四大贝勒南面并列而坐，这既反映了皇太极对三大贝勒忠心拥戴的感激与答谢，也透露出皇太极对三大贝勒强大实力的担忧和畏惧。这种做法实质是满族氏族社会朴素民主制的残余。这是同君主专制的封建社会的中央集权制格格不入的。因为这样做，是在突出王权、削弱君权，这对加强中央的权威是不利的。

有鉴于此，皇太极便采取了一些做法，逐渐削弱王权，加强君权，以解决这个难题，除去这块心病。

他采取了一系列步骤：

第一步，增设官职。如前所述，皇太极即位的当时，协助其执政的有：大贝勒代善、二贝勒阿敏、三贝勒莽古尔泰；太祖第七子阿巴泰、第十子德格类、第十二子阿济格、第十四子多尔衮、第十五子多铎、贝勒舒尔哈齐第六子济尔哈朗；太祖长子褚英之子杜度、太宗长子豪格、大贝勒代善长子岳托、次子硕托、第三子萨哈廉。以上计十四人。

这些人全部是努尔哈赤的家族精英。也就是说，后金国的政权，全部掌握在努尔哈赤家族的手中。

皇太极高屋建瓴，他觉得权力精英全部是家族精英这并不是一件好事。他必须突破这个局限，打破这个樊笼，让其他人才加入到这个权力精英的队伍中来。这反映了皇太极的某种民主意识。因此，在他即位后的第八天，即天命十一年（1626年）九月初八日，就颁布上谕，任命一

批新的权力精英，加入到议政大臣的行列。

固山，满语是旗的意思；额真，满语是主人的意思。固山额真，即旗之主。后称固山章京，入关后顺治十七年（1660年）改称都统。每旗设立的总管大臣，就是先前设立的固山额真，就是每旗之主。皇太极现在任命的总管大臣为纳穆泰、达尔汗、和硕图、博尔晋、顾三台、托博辉、彻尔格、喀克笃礼等八位。他们的出身，除达尔汗、和硕图、顾三台为额驸外，其他均为大臣之子弟或归附的部落酋长及其子。可以说，全都是非爱新觉罗血统。

皇太极在这里给予他们的权力是："凡议国政，与诸贝勒偕坐，共议之。出猎、行师各领本旗兵行，一切事务皆听稽察（如前此之固山额真兼议政大臣）。"

这就是说，皇太极授予他们为八旗的总管大臣，掌握行政和军事实权。同时，全部进入议政大臣的行列，成为中央委员级的重要成员，同除三大贝勒以外的诸贝勒并列。这个改革实质是在削弱诸贝勒，尤其是三大贝勒的权力。扩大总管大臣的权限，就是分散诸王贝勒的权力，分散三大贝勒的权力。这是皇太极抑制诸贝勒尤其是三大贝勒权力的一个重要举措。

第二步，添设六部。以六部分散诸王贝勒的权力。天聪五年（1631年）七月八日，皇太极仿照明朝，在后金国中央设立六部。这六部是吏部、户部、礼部、兵部、刑部和工部。每部由一名贝勒管理，其下设满人承政二员、蒙古承政一员、汉人承政一员。承政之下设参政八员。六部的最高长官为贝勒一级，全部是皇太极的至亲。管吏部事的贝勒多尔衮是皇太极的第十四弟，管户部事的贝勒德格类是皇太极的第十弟，管礼部事的贝勒萨哈廉是大贝勒代善的第三子，管兵部事的贝勒岳托是大贝勒代善的长子，管刑部事的济尔哈朗是贝勒舒尔哈齐的第六子，管工部事的阿巴泰是皇太极第七兄。这六位贝勒分别管理中央政府的六部事务，就在一定程度上分散、限制并削弱了三大贝勒的权力。这对加强皇太极的中央集权十分有利。

第三，免其轮值。天聪三年（1629年），皇太极以关心三大贝勒健康为由，削去他们每月轮流执政的特权，而交给年轻且听话的委员级贝勒去做。

此外，他还根据三大贝勒的不同表现采取不同的方法削夺其事权。

皇太极首先处治了久怀异志的二贝勒阿敏。天聪四年（1630）阿敏受命去保卫明城永平、滦州、迁安、遵化等四城。在明将孙承宗围攻滦州时，阿敏惊慌失措，终致滦州失守。阿敏风声鹤唳，"未见敌人之旌旗，未发一矢以加敌"，即还没有见到明军的影子，便尽屠永平、迁安归顺的官民，抢掠人口、财帛、牲畜，悉载以归。

本来皇太极在离开永平前，曾明确训谕诸贝勒："宜严饬军士，毋侵害归顺之民，违者治罪。"这是严肃的俘虏政策问题。但阿敏竟然视皇太极的谕令如耳旁风，抗命不遵，血洗全城，给后金的优降政策造成极坏的影响。后来攻大凌河城时，因为前车之鉴，明军据城顽抗，坚不投降。因为他们已不相信皇太极了。他们听说，"又有逃来人，言汗（皇太极）于敌国之人，不论贫富，均皆诛戮，即顺之，不免一死。"

皇太极十分恼怒，谕令诸贝勒大臣讨论如何处治阿敏。诸贝勒大臣纷纷揭发，议决阿敏十六条罪状，上奏皇太极，请求诛杀阿敏。皇太极不忍加诛，免其一死，处以幽禁。

这就一举解决了二贝勒阿敏的问题。

其次要解决大贝勒代善的问题。天聪五年（1631年）元旦快到了，

礼部李伯龙上奏："我国朝贺行礼时，不辨官职大小，常有随意排列，逾越班次者，应请酌定仪制。"

皇太极抓住契机，发出上谕，故意提出莽古尔泰座次问题，让贝勒群臣议论："自朕即位以来，国中行礼时，（莽古尔泰）曾与朕并坐，今不与坐，恐他国闻之，不知彼过，反疑前后互异。"然后就座位问题，让大家研究之后，拿出个意见来。聪明的皇太极把座位问题提出来，意在让大贝勒代善表态。

老于世故且谦恭谨慎的大贝勒代善，对皇太极的心思洞若观火。他知道应该如何表态："我等既戴皇上为君，又与上并坐，恐滋国人之议。谓我等奉上居大位，又与上并列而坐，甚非礼也。礼本人情，人心所安，即天心所佑。各遵礼而行，自求多福，斯神佑之矣。自今以后，上南面中坐，以昭至尊之体。我与莽古尔泰侍坐上侧。外国、蒙古诸贝勒坐于我等之下，如此，方为允协。"诸贝勒皆曰："善。"此议奏上，正合皇太极心意，立即照准。

此后御殿上，除皇太极的御座外，在其侧面的两旁分设两个座位，命大贝勒代善和三贝勒莽古尔泰分坐。此二人不是面南而坐，而是一个朝西，一个朝东。由四人并坐变为面南独坐，皇太极用了五年的时间。

天聪五年（1631年）八月，在围攻大凌河城前线阵地上，围绕着莽古尔泰与皇太极发生了一起震动朝野上下的露刃事件。这个露刃事件性质极为严重，莽古尔泰因此获罪。

露刃事件的经过，要从大凌河战役说起，在战役的过程中，皇太极曾经责备莽古尔泰不听号令，莽古尔泰不但不听批评，反而顶撞皇太极。皇太极本来想息事宁人，但是后来不忿的莽古尔泰居然向皇太极怒目而视，不断地摩挲刀柄，甚至在后来拔出了佩刀五寸许，最终激怒了皇太极。这件事中，我们可以看出，大权不够集中，使得皇太极在发号施令上都会受到阻碍，这在管理中是不允许的。

大凌河城战役胜利结束后，议莽古尔泰御前露刃罪，《清太宗实录》记道："天聪五年（1631）十月癸亥（二十三日），大贝勒代善及诸贝勒等，以大贝勒莽古尔泰在御前露刃，议革去大贝勒，降居诸贝勒之列。夺五牛录属员，罚驮甲胄雕鞍马十，进上。驮甲胄雕鞍马一，与代善。素鞍马各一，与诸贝勒。又罚银一万两入官。定议时，上谕曰：此以朕之故治罪，朕不与议。于是，代善与诸贝勒等，公同定拟具奏。上从之。"

革去大贝勒称号，降为一般贝勒。这就一举解决了三贝勒莽古尔泰的问题。对莽古尔泰的处治，因事情涉及自己，皇太极声明"朕不与议"，不参加个人意见。而由大贝勒代善领头，集体研究，提出了处理意见。皇太极表示同意。对莽古尔泰的处治，皇太极还是很有节制的。议定的罪名为"御前露刃"，很有分寸。判定是"露刃"，而非"拔刀"。同时，只是"露刃"，没有提到刺杀的高度。莽古尔泰也确实不是想要刺杀，而是酒后失态，"露刃"实际是对着同母弟德格类的，也是一时暴躁。但无论如何，不管面对者为谁，只要是"御前露刃"，就是犯罪。莽古尔泰政治上降一级，由常委级降到委员级。自此，莽古尔泰就失掉了同皇太极南面同坐的资格了。皇太极对莽古尔泰的处分，还是照顾到了战功与亲情的因素。

由此，二贝勒阿敏、三贝勒莽古尔泰都因罪夺去大贝勒称号，现在只剩下一位大贝勒代善了。大贝勒代善虽然不同皇太极一起面南同坐了，但是他在重要场合还是始终享有座位的。这个座位是在皇太极座位

第五章 皇太极对你说领导力

的侧面。据《清世祖实录》记载，在皇太极病逝的前一天，代善在大殿上还是坐在西侧。文曰："（崇德八年八月己巳）上以第五女固伦公主下嫁内大臣和硕额驸恩格德尔之子索伦哈。和硕亲王以下，甲喇章京以上……俱朝服，列崇政殿。上御殿，和硕礼亲王代善入，上降阶迎之。复自中阶升御座，代善自西阶，坐于殿内西侧。"

这里清楚地记道："代善自西阶，坐于殿内西侧。"这说明，皇太极对其二兄代善始终怀有敬意。这天是八月八日，第二天皇太极即病逝了。

《清太宗实录》记道："上即位以来，历五年所，凡国人朝见，上与三大贝勒俱南面坐受。自是年（天聪六年，1632年）更定，上始面南独坐。"

天聪六年（1632年），盛京皇宫中路的主要建筑基本完工，皇太极自此开始在正殿（崇政殿）之内南面独坐了。

这个座次的重新排列，说明了君臣之间实力与威望互有长消。皇太极的实力和威望达到前所未有的高度，而三大贝勒的地位则明显下降。实际这也是皇太极在逐步加强中央集权制。

在领导的管理中，分权给下属是必要的，但是要注意的是，一些实质性的大权，一定要掌握在领导者的手中。皇太极在一开始的时候，虽然获得了汗位，但是实质性的大权并没有集中到皇太极的手中，反而是几大贝勒分而治之，虽然一时之间不至于威胁到皇太极的领袖地位，但是对于皇太极的领导力的实施，已经造成了重大的影响，因此想要更好地实施管理，发挥自己的领导力，就要集中权力，皇太极也正是这样做的，并取得了很好的效果。在集中了权力之后，皇太极获得了实际的管理权力，在日后的领导中更加游刃有余。

任何时代都是一样，权力是维持国家和社会稳定的基石，如果失去了权威，就会引发社会的动荡不安。在封建社会中，皇权是天下的根本。皇权如果受到冲击，那么整个官僚体制就会动摇，整个国家也会因此而失去控制。所以每个高明的君主，必须大权在握，绝不能有一点动摇。

在封建时代，皇帝是最高的统治者。普天之下，莫非王土；率土之滨，莫非王臣。为确保皇位，皇帝刻意突出皇权的神圣，用神话传说为皇权涂上神秘的保护色，使它处于各种权力的最高峰。

作为一个高层的领导者，必须要拥有实质性的权力，并且，这个权力要切实掌控在领导者的手中，这是领导者实现自己领导和管理的必要条件。

历史上所有的皇帝都很注重权力的掌控，因为只有掌握了实质性的权力，才能够真正掌控国家，才能够切实地施行自己的领导。早在氏族部落时期，为了便于管理，人们推举出了部落的首领，继而推举出了联合部落的首领，这就是早期皇权的雏形。在早期皇权没有完全成型的时候，权力不够集中，使得管理得不到统一。经过夏商周三代的演变，皇权逐渐开始变得集中统一。经过了春秋战国的战乱局面，皇权分散，诸王各自为战。最终，秦始皇统一了权力，经过一系列地改革集中了权力，使得管理能够有效地实施。第一次将领导力发挥到了极致。后世有为的皇帝，无不是能够集中权力，施行自己的领导。而那些权力分散的皇帝，不是臣强主弱，就是国破家亡。可见集中重要的权力对于领导者是多么重要。

现今社会，皇权至上的时代早已一去不复返，但是集中领导权力对于一个领导来说，仍有重要的意义。在当今管理体制中，分权给下属成

为必要的管理模式，但是对于关系到团队的决策和命运的权力，领导者一定要牢牢掌控，不可轻易予人，这对一个领导能够掌握团队发展方向有着决定性的意义。

仁德气质，以德服人

古语有云："得人心者得天下。"自古中国就是仁义之邦，以德服人的思想由来已久。中国一向很重视领导者的仁德精神，也只有真心体现仁德的领导，才能够得到下属的拥护，才能够取得竞争的胜利。

自努尔哈赤崛起于辽东，后金政权就一直没有停止过战争和杀戮。对于他们的敌人来说，无论是归降还是被俘，头上始终悬着一把屠刀。

在尚未挺进辽沈之前，努尔哈赤攻下开原、铁岭，在大肆掳掠的同时，又向不再反抗的兵民大挥屠刀，进行屠城。杀进辽沈地区之后，努尔哈赤对那些无法忍受其暴虐统治、纷纷逃亡的人，竭力围追堵截，抓获即杀。惨死在他屠刀下的人不下数百万。

也许努尔哈赤认为：人们会因为害怕死亡而屈服于自己的统治。可是这样做的结果，只会导致有更多的人加入到反抗的队伍中。

孟子曾经说过：天下唯有不嗜杀人者能够得之。自幼熟读汉文典籍的皇太极比他的父汗更加懂得这个道理。他即位后，在历次战争中，都要不厌其烦地告诫将士：除了抵抗到底的人以外，不要随意杀害已经归降的明军和百姓。

天聪四年（1630年）农历二月，后金军队入关获胜撤离之时，皇太极宣谕驻守永平、遵化等地的将士：既然上天将明朝皇帝的人民赐给了我，那他们就是我的人民。如果我的人民遭受自己人的侵扰，那么已经臣服的国家必定会离我而去。而其他地方的人口，也将不会前来归附。

可是，大多数后金将士并不理解皇太极的这番话。八旗将士以尚武为荣，崇拜战场上的勇敢。他们认为要做一个合格的战士，必须毫不迟疑地砍掉敌人的脑袋。于是明将孙承宗、祖大寿率领明军来攻之时，后金军在阿敏贝勒的指挥下大开杀戒，疯狂屠杀无辜平民，影响十分恶劣。

这么做的直接结果是：天聪五年（1631年），明太仆寺卿张春所率军队与后金军遭遇时，向来怯战的明军将士一反常态，奋勇向前，以致后金军虽然最终取得了胜利，却也伤亡惨重，付出了沉重的代价。

兵败被俘的张春道出了明军如此顽抗的原因："你们用兵已经十五年……一味杀掠……人都怕死，假如投降的人要杀，不投降的人也要杀，那么即使是田间的农夫也将拿起锄头打仗了。"

其实即使张春不说，皇太极也知道大凌河城守军和百姓宁肯饿死也决不投降的原因：后金军嗜杀。与其投降被杀，不如坚守城池，或许还有一线生机，即使作最坏打算，还能落得个忠君报国的美名。

针对这种情形，皇太极在攻城时，命人将书信系在箭上，射入城内。信中写道：

恐怕你们是误信了明朝官员的谎言，认为即使是投降后金，最终也一定会被杀掉。如果在接受你们之后又杀掉你们，那么我就不害怕上天的惩罚吗？如果是官员前来归降，我会让他担任原来的官职，并准许其子孙世袭；如果是普通百姓杀掉官员前来归降，我一定会依据功劳大小授予官职；如果是一个人前来归降，我会好好抚养；如果有人率领多人

前来归降，我会依据带来人口的多少授职记功。我保证不会违背自己的承诺，希望你们也不要再有什么怀疑。

但是后金军残酷的杀戮行为还是让心有余悸的明军将士一直坚守到了最后一刻。

看来仅靠语言上的保证或抚慰，远不能消除明军将士内心的恐惧。天聪六年（1632年）正月十七，岳托贝勒提出：我军先前曾大肆诛杀辽东和广宁等地的汉人，后来又诛杀了永平、滦州等地的汉人，现在恐怕没有汉人会相信我们不嗜杀了。现在，大凌河城明军归降了我们，正是给我们提供了一个有利的机会。若是我们能够好好抚养这些归降的汉人，让他们衣食无忧，性命无虞，这时我们再解释以前所犯下的过错，那些汉人就会相信我们了。

要怎么做才算是"好好抚养"呢？仅仅衣食无忧肯定是不够的，岳托贝勒进一步向皇太极建议：满汉联姻。只有结成政治上的共同体，生出血缘相联的下一代，这种合作的基础才是牢固而可信的。

岳托贝勒的建议得到皇太极的认可。仅仅五日之后，岳托就率先与额驸汉官佟养性结为姻亲。皇太极亲率诸贝勒大臣前往祝贺。平日皇太极对众人饮酒限制得很严，此次破例允许大家开怀畅饮，皇太极本人也频频接受众官敬酒，其乐融融。

岳托贝勒的亲身示范和皇太极对满汉联姻的支持对众人无疑起到了鼓舞的作用。二月初六这一天，大凌河归降官员与副将共十五人同时娶妻，举办了一场规模盛大的集体婚礼。皇太极下令，每人赏赐彩缎三匹、丝绸三匹、佛头青布十九匹、白银五两。

皇太极热切地期望能够尽快感化这些已经归降的明军将士，并且用他们的示范作用来感召那些尚未归降的明朝百姓。"近者说，远者

天聪汗钱

来。"这是孔子给执政者提出的一个很高的标准:"让国内的人喜悦,让国外的人来投奔。"皇太极正努力带领众人,试图将后金建设成一个这样的世界。

皇太极的仁德之心确实取得了很好的效果。他的仁德弘扬了他的威名,使天下逐渐臣服在他的声威之下,最终他获得了成功,成为一代开国之主。

所谓仁德,就是要一种以仁义之心广爱世人的崇高道德。对于仁德的记述,我国古书中多有出现,《逸周书·大聚》:"生无乏用,死无传尸,此谓仁德。"《淮南子·缪称训》:"善之由我,与其由人,若仁德盛者也。"《后汉书·鲁恭传》:"进柔良,退贪残,奉时令。所以助仁德,顺昊天,致和气、利黎民者也。"唐·韩愈《论孔戣致仕状》:"此诚陛下仁德之至。"可见我国古人对于仁德的注重。

做为一个领导,以霸气俯定乾坤是一种魄力,但是,想要稳定而长久的成功,就要注重自己的仁德之心,注重以德服人。只有仁德的领导,才能够得到下属的拥护,才能带领自己的团队走向成功。小至企业,大致国家,作为领导都要注重自己的仁德修养,只有做到仁德之心,才能够自修身做起,最终达到治国平天下的目标。

古语云:"遇欺诈之人,以诚心感动之;遇暴戾之人,以和气熏蒸之;遇倾邪私曲之人,以名义气节激砺之;天下无不入我陶冶矣。"对于这句话,我们的理解是:对于狡猾欺诈的人,领导要用自己赤诚之心灵来感动他的心灵,以让他臣服;对于狂暴乖戾的人,领导要用温和的心态来感化他,让他臣服;对于那些行为不端、自私自利的人,领导要

用大义的气节来激励他，使他臣服。领导者如果能做到这几点，那天下就能够被他的美德所臣服了。这就是领导者以德服人的真谛。

领导者想要确立自己的领导力，就要注意对自己仁德品质的培养，在施行管理和领导的时候，注重以德服人，只有这样，才能够确立自己的领导力，带领自己的团队走向成功。

第六章

皇太极对你说 谋略

　　起源于军事和政治斗争的谋略之术，在我们人生的发展过程中具有重要意义。对于一个国家来说，谋略能够安定天下；对于一场战争来说，谋略能够决定胜利；对于商人和企业家来说，谋略能够影响到商海浮沉、竞争成败；对于个人来说，谋略能够改变人生的方向，决定成就的大小。很好地运用谋略可以帮助我们克服困难，更有效地解决问题，推动人类文明的进步，改变历史的进程，以最小的代价争取更大的收益。

缓兵之计，能屈能伸

在竞争中，没有谁一直处于优势地位，在我们遇到不利情况的时候，就要懂得运用计谋，实行缓兵之计，给自己赢得喘息的时间和机会。缓兵之计在古代战争中，被人们当做关键时刻保存自己的计谋，在当今社会的竞争中，缓兵之计同样具有重要的意义。

1625年，后金政权迁都沈阳。次年，后金军包围了山海关前的宁远城。城中守将袁崇焕率领两万明军顽强抵抗。经过六天的激战，后金军队没有取得进展，更糟糕的是，努尔哈赤遭到城中炮火的波及，一时身负重伤，后金军队铩羽而归。

对于努尔哈赤的宁远之败，皇太极有着深刻的认识：八旗军不仅败于坚利的火炮，更败于袁崇焕。这个人智勇双全，是个不可小视的对手。在时机成熟之前，皇太极不想轻易地招惹这个对手。

袁崇焕在胜利面前保持了相当的冷静，他明白自己和明军所处的危险处境：明军辽东防线因为高第的错误基本陷入崩溃状态，锦州、右屯、大凌河三城全面失修，若要重新建起一道坚固的辽东防线，就必须重修上述三城，所需时间最少半年。如何能避免八旗军的不时袭扰，将城重新筑起来呢？思来想去，唯有议和。

据《清实录》记载，天命十一年（1626年）十月十七，袁崇焕派出李喇嘛一行34人抵达盛京，表面上是吊唁努尔哈赤并祝贺皇太极即位，实际上是来试探皇太极的态度。

窗外，雪花漫天飞舞，皇太极心中久久不能平静。双方正值交战，袁崇焕没有必要来吊死问疾，他在获胜之后竟然主动遣使议和，分明是别有用心：名为吊唁，实则借机刺探后金内部军政情报。但是仅仅就是为了一探虚实吗？还是另有其他的图谋？

皇太极最后决定将计就计，趁机稳住袁崇焕，并东征朝鲜，彻底剪除这支随时都可能构成军事威胁的明朝羽翼。

于是皇太极命诸王贝勒对李喇嘛一行以礼相待。据史书记载，李喇嘛一行吊唁时，后金汗国"诸贝勒皆叩首谢吊"，表现得礼节周到，招待的宴席也十分丰盛。

正在这时，大贝勒代善出征喀尔喀扎鲁特蒙古归来，皇太极有意让李喇嘛等人观看八旗兵的威猛军容，便邀请他们随行15里，一同迎接大军凯旋。李喇嘛一行正想借机窥探军情，欣然前往。而他们看到的是八旗军军容整齐，旌旗招展，兵士们个个生龙活虎，将帅们个个气宇轩昂……

皇太极见达到了震慑的目的，暗自高兴，随即决定：赏赐给李喇嘛一峰骆驼、五匹马、二十八只羊。

李喇嘛等人在沈阳住了将近一个月才走。临走之前，皇太极指派方吉纳、温塔石带领七名随从与李喇嘛等人赴宁远，回访并答谢袁崇焕，献上貂皮、人参、银两等礼物，另外带给他一封信，信中说道："你既以礼来，我当以礼往，特遣官致谢。关于两国和好之事，我父生前曾给你们的皇帝去信，至今未见答复。如果你们给予答复，我才考虑我的态度。"

后金使节在袁崇焕面前表现得谦卑，行三步一叩首之礼，跪拜之

后，再高呼"老大人"，跪呈书信，整个场面很容易让人误以为是被打服了前来低头认错的。

袁崇焕拒收皇太极的信，原因是信的封面书写"金""明"并列的字样，有失"天朝"的尊严，无法向朝廷转达。所以，他也没有回信，让方吉纳等人把皇太极的信原封带回，也没有派遣使者。双方的第一次接触就这样毫无结果地结束了。

过了一个月，也就是天聪元年（1627年）的正月初八，皇太极再派方吉纳、温塔石为使者，一行九人，第二次赴宁远，给袁崇焕带第二封信。

信中内容是：我们两国之所以打仗，是因为当年你们的辽东、广宁（今辽宁北镇）的守臣百般欺凌，难以容忍，因此向天奏明，兴师讨伐。我们按理行事，才得到天的保佑，而你们处处违理，非止一端，不妨对你们说清。以下所说的，是当年父亲伐明时公布的"七大恨"的内容。现在，你们如认为我对，愿意友好，就应拿出黄金十万两、白银百万两、缎千万匹作为和好的礼物。以后，每年我方赠送东珠十颗、貂皮千张、人参千斤，而你方以黄金万两、银十万两、缎十万匹、布三十万匹回报我方。两国建立友好关系，应向天地立誓，永远遵守不变。。

皇太极的信再次申明，双方之所以打仗，责任完全在明朝方面，他向明朝索要大批财物和金银，实际上是要求赔偿经济损失。

皇太极的父、祖辈原效忠于明朝，现在把后金置于同明朝平等的地位，而又不平等地互赠金银财物。皇太极清楚地知道，袁崇焕无论如何都不会接受他的要求，他只是在漫天要价。

就在派出使臣的那一天，皇太极命贝勒阿敏、济尔哈朗、阿济格、杜度、岳托及硕托，率大军往征朝鲜及明将毛文龙。

一个加紧筑城,一个全力逼迫朝鲜就范,议和双方,各自都在忙着自己的事。曾经有人认为,若是袁崇焕能够趁后金军主力千里奔袭远征朝鲜之机,出兵偷袭沈阳,则完全有可能直捣黄龙,大获全胜。

其实这是一种乐观而天真的想法:沈阳城坚固高大,守军骁勇善战,皇太极的身边,还有身经百战的大贝勒代善和三贝勒莽古尔泰。而明在关外的驻军不足六万,且分守在前屯、中左、中右、宁远、锦州等地,在这样的情形下,能够坚守住城池,遏制住后金的进攻势头已经十分不易,若袁崇焕率军出城,与擅长野外作战的八旗军激战,无异于自寻死路。

尽管猜透了对手的心思,但为防万一,皇太极还是驻跸辽河,静观其变;而袁崇焕也派出一万余名明军,直逼辽河,摆出一副战争一触即发的架势。

现在我们来看一看袁崇焕与皇太极的往来书简。袁崇焕的第一封复信指出:"印玺之事,未降封号,不能妄行。"第二封复信又指出:"辽东原为明朝土地,且有汉人坟墓,则不应将其占有。"第三封复信解释:"使者来时,因在海上航行,而让其久居。"第四封复信明确表示:"战争长达十年,不能一朝停止,不是数人所能为,数语所能定。"

从以上袁崇焕给皇太极的复信可以看出,袁崇焕的要求是后金需尊明为上国,奉明正朔,并退还侵夺辽东的土地和人口。

对于袁崇焕的四封复信,日本著名满学家神田信夫教授有一个评价:"它强烈地反映出袁崇焕在与皇太极交涉中忠于明廷的责任感,他强烈地主张议和必须按照中国即明朝所提送的典制方案,并严戒其未经降封,不准随意用印。"

第六章 皇太极对你说谋略

　　而皇太极在给袁崇焕的信中，曾追述了天启二年（1622年），努尔哈赤不进攻山海关的原因，他说："我父努尔哈赤不入汉地，是因为辽、金、元入汉地后，本民族的习俗发生了变化，都变成了汉人的习俗，这是我们不愿意看到的。所以想让满汉以辽河为界，汉人居山海关以西，我仍居山海关以东。"在这里，皇太极透露了一个想法：以辽河为界，与明议和。

　　但是就明朝而言，是绝不肯同后金讲和的，从皇帝到大臣，都以宋与辽、金和谈为教训，唯恐重蹈宋的覆辙。袁崇焕与后金议和，完全是他的个人行为，朝廷并不知情。袁崇焕不过是在用和谈拖延时间，加紧备战；而皇太极即位之初面临严重的经济危机，和谈不过是他的一种手段，是在为自己争取稳固政权的时间。所以和谈的双方，从一开始就都毫无诚意。这样的和谈，显然是没有成功的可能。

　　皇太极与袁崇焕虽然不能完全知道对方想干什么，但他们各自都争取到了自己需要的时间，也做完了各自要做的事。从天命十一年十月开始，双方利用和谈，总共为自己争取到了半年左右的时间。

　　在这半年中，皇太极做完了内部政权的稳固工作，并完成了第一次征朝之旅；袁崇焕迅速出兵恢复了对锦州、大凌河、小凌河与右屯的控制，并加紧施工，抢修上述四城的城防工事与设施，甚至对朝鲜和毛文龙部的告急求援都虚与委蛇，敷衍了事。在遭到皇帝和朝臣的指责时，袁崇焕明确表示，只要四城修筑完毕，那时的战守就远在山海关外四百里的地方了，如此，山海关则固若金汤矣。

　　此时袁崇焕手中的部队大约有六万人。皇太极派去进攻朝鲜的部队大约有三万人，后来陆续增援的部队大约一万五千人，留守在沈阳周围的部队约为十万人。依靠着议和的缓兵之计，皇太极稳定了自己的后方，壮大自己的实力。虽然这时候，明军的实力也有所恢复，但是在实际上，皇太极的实力发展得更大，皇太极的胜算也变得更大。

皇太极正是运用缓兵之计让自己取得了在竞争中的优势。在激烈的竞争之中，总会有些时候，我们会变得精疲力竭，这时候，为了争取机会，以图恢复，最好的办法就是施行缓兵之计。

缓兵之计会给我们带来喘息的机会。激烈的社会竞争，有时候会让我们应接不暇，焦头烂额之时，不妨抛出缓兵之计，给自己一个喘息的机会，等到自己恢复了实力，能够再次投身到竞争的时候，再结束计谋，回到竞争的前沿。只有善于实行缓兵之计，才能够获得生存，以图东山再起。尺蠖之屈，是为了将来能够伸张自己；蛟龙之蛰，是为了将来能够腾空而起。有时候，一味的刚强，只会带来伤害。在楚汉之争中，刘邦一次次败北，却一次又一次地崛起，就在于他能够巧妙地运用缓兵之计，在一次又一次的失败中生存下来，在不断恢复的过程中，消耗对手，壮大自己，最终获得了竞争的胜利。反过来看项羽，他只知道一味地进攻，在遭遇挫折的时候也不懂得能屈能伸的道理，最终在乌江

皇太极御用鹿角椅

边自刎而亡。

缓兵之计能够迷惑敌人，给敌人造成假象，影响敌人的判断。皇太极的缓兵之计，就给明朝造成了一定的影响。表面上是和气一片，实际上，他却在将自己的后方进行稳固，最终在自己实力大增、地位稳固的时候，回过手来给对手致命一击。在历史上，最出名的缓兵之计就是张良暗度陈仓的计策。项羽势大，刘邦赴蜀也不能保证项羽不会对刘邦进行最后的追杀，所以使出了火烧栈道的缓兵之计。项羽受此迷惑，给了刘邦喘息发展的机会，最终刘邦暗度陈仓，给了项羽致命的一击。

缓兵之计要依据实际，不能被将计就计。缓兵之计虽然有效，但是要懂得合理运用，缓兵之计也会给对方休养生息的机会，因此在实行缓兵之计的同时，一定要注意，不能被对方将计就计。就像袁崇焕一样，本来是想借议和为缓兵之计，能够恢复自己的实力，以图再战，但是却被皇太极占尽先机，最终落得个失败的下场。在这种情况之下，不能坐视缓兵之计，更要学会主动出击，就像皇太极一样，虽然一直在议和的幌子之下进行缓兵，却从来没有放弃对明军的骚扰，这使他在自己恢复实力的同时，也让对手不能安心地修养，保证了计策的成功。

使用缓兵之计要看准时机，必要时刻，还要能够坚持斗争，在保证自己能够取得最终胜利的前提下，敢于和对手拼消耗，不给对方留下喘息的机会。所以，在我们处于劣势的时候，就要学会运用缓兵之计，给自己赢得喘息的机会，以保证自己的生存，等待时机，东山再起。

施反间计离间对手

反间计就是要在敌人内部挑拨是非，引起纠纷，制造隔阂，破坏团结，使之反目为仇。敌人内部如果团结一致，就会形成强大力量，难以战胜。分化离间对手之后，就能够破坏敌人内部的和谐，制造混乱，创造可乘之机，让自己坐收渔翁之利。

天聪三年（1629年）十月，皇太极第一次发动了入关征战明朝的战争，目标直指北京。这一年是农历己巳年，因此当时明人称为"己巳虏变"，清人则称"己巳之役"。

二月十一日，降金汉官高鸿中上奏皇太极，请求对明朝发动进攻。皇太极对高鸿中的奏本大为欣赏。他认为："劝朕进兵勿迟，甚为确论。"当时，皇太极发动的宁锦战役，损失惨重，后金国内人心惶惶。只有不停顿地发动对明朝的进攻，才能有利于稳定民心、军心，所以皇太极非常赞成高鸿中的主张。

九月二十三日，皇太极下令"召外藩蒙古部长，各率兵来会"。

十月初二日，秋收过后，皇太极"亲统大军伐明"。这次发兵，皇太极大胆地选择了从未走过的内蒙古路线，向蒙古科尔沁部借道，然后自北向南，突破长城，横扫华北，直奔北京，企图向明朝的心脏施以狠狠的一击。一路上，攻伐和招降并用，金兵逼近了北京城。

十一月十一日，皇太极亲自率领大军，向北京进发。首先命令参将

英固尔岱、游击李思忠、文馆儒臣范文程，统备御八员、兵八百人，留守遵化。皇太极率军在距离遵化25里处扎营。

十一月十三日，大军至蓟州。以书信谕蓟州城内官民投降，蓟州降。

十一月十四日，大军抵三河县。擒获一名汉人，让他持书入城招降。

十一月十五日，命左翼三贝勒莽古尔泰及贝勒多尔衮、多铎、杜度、萨哈廉、豪格等，率兵三千先赴通州，探视通州河之渡口。皇太极随后自三河县起营，行走二十里，前哨捕获一名汉人，送到皇太极前。经审问，得知宣府、大同两镇总兵，现在都在顺义县。这是一条重要情报。皇太极立即命令贝勒阿巴泰、岳托，率领左翼两旗及蒙古两旗兵，前往截击，以免他们救助北京。经过一场激战，击败了总兵满桂、侯世禄之军队，俘获马千余匹，驼百余头。顺义知县知道抵挡不住后金八旗兵的攻势，"率众来降"。

十一月十七日，皇太极大军起行。一路势如破竹，很快占领了北京郊外二十里之牧马厂，扎营于此。其管马太监两名及三百余人出降。

二十日，大军再次启行，逼近北京，驻扎于城北土城关之东，两翼兵驻扎于城之东北。

皇太极对北京城虎视眈眈，北京城岌岌可危。

此时的北京城俨然是一个不设防的城市。城外大兵压境，城内乱作一团。崇祯帝宣布京师戒严，急调全国各地兵马来京勤王。并传谕袁崇焕"多方筹划"，以解倒悬。袁崇焕不敢懈怠，急调手中兵马，从各个方面堵截后金军。他自己也率兵回返蓟州。但是，这个时候，北京城内却散布着一个败坏袁崇焕名声的传言，说他有意引导后金军进京。而袁崇焕在通州又没有同后金军交战，使人们更加怀疑袁崇焕的动机。谣言肆意传播，崇祯帝也对袁崇焕充满了戒备心理。然而，袁崇焕对此浑然不觉。

　　十一月十六日，袁崇焕深怕后金兵逼近京师，仅率领骑兵九千，以两昼夜行三百里的速度，由间道急抵北京城广渠门外扎营。此时，后金兵亦兵临城下。后金兵发起攻击，袁崇焕躬擐甲胄，督军力战。二十二日，皇太极率领诸贝勒，环阅北京城。二十四日，皇太极徙营屯南海子。二十六日，进兵距离城墙二里时，发现袁崇焕、祖大寿的部队，在城东南角扎营，树立栅木为障碍，阻挡后金军。皇太极轻骑巡视说："路隘且险，若伤我军士，虽胜不足多也。"诸贝勒屡次请求攻打城堡，皇太极坚决拒绝，他说："朕仰承天眷，攻城必克。但所虑者，倘失我一二良将，即得百城，亦不足喜。朕视将卒如子。尝闻语云：子贤，父母虽无积蓄，终能成立；子不肖，虽有积蓄，不能守也。此时正当善抚我军，蓄养精锐耳。"

　　这就是皇太极的人才观。他视才如命，爱惜有加。于是，便停止了进攻。

　　袁崇焕是大名鼎鼎的抗战派，并握有强悍的武装力量，成为后金灭明的最大障碍。但此次率兵到京后，崇祯帝对他却心存疑虑，与其虚与委蛇。虽几次召见，赏赐御馔及貂裘，但却拒绝其部队入城休整。

　　其实这一切都是皇太极导演的一场无中生有的反间计，借敌人之手除掉自己的敌人。《清太宗实录》记载了这个反间计。记载的目的是为了宣扬皇太极反间计的成功。文曰："先是，获明太监二人，令副将高鸿中、参将鲍承先、宁完我、巴克什达海，监守之。至是还兵。鲍成先遵上所授密计，坐近二太监，故作耳语云：今日撤兵，乃上计也。顷见上单骑向敌，敌有二人来见上，语良久，乃去。意袁巡抚有密约，此事可立就矣。杨太监者，佯卧窃听，悉记其言。庚戌（十一月二十九

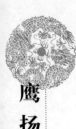

日），纵杨太监归。后闻杨太监将高鸿中、鲍成先之言，详奏明主。明主遂执袁崇焕入城，磔之。锦州总兵祖大寿大惊，率所部奔锦州，掠夺民物，毁山海关而出。"

这段话的意思是说：后金大军屯南海子时，俘虏了明朝提督大坝马房太监杨春、王成德，便指派副将高鸿中、参将鲍承先、宁完我、巴克什达海等监收。明末，太监受到宠幸，是皇帝的心腹。高鸿中、鲍承先按照皇太极"所授密计"，夜里回营，坐在两个太监睡觉的地方，故作耳语道："今日撤兵，乃上计也。顷见上单骑向敌，敌有二人来见上，语良久，乃去。意袁巡抚有密约，此事可立就矣。"语言简短，含义深长。它暗示袁崇焕已与皇太极有密约，攻取北京"可立就矣"。太监杨春"佯卧窃听，悉记其言"。二十九日，高、鲍又故意放跑杨太监。杨太监回到朝廷，以重大军情晋见崇祯帝，把高鸿中、鲍承说的话都详细地报告了崇祯帝，崇祯帝深信不疑。

十二月初一日，刚愎自用的崇祯帝以"议饷"的名义，再次召见袁崇焕、满桂、祖大寿等。袁崇焕急忙赶至平台。袁崇焕喘息未定，崇祯帝当即质问袁崇焕，以前为什么擅杀毛文龙，现在为什么进京逗留不战。因事发突然，袁崇焕毫无准备，一时语塞。崇祯帝当即下令将其逮捕，交付锦衣卫关押听勘。时逢阁臣成基命在侧，感到崇祯帝此时下令逮捕袁崇焕不妥，当即叩头犯颜直谏，请皇帝慎重而行。崇祯帝自负地说道："慎重即因循，何益！"成基命深感事态严重，再次叩头，请皇帝三思："兵临城下，非他时比！"崇祯帝执迷不悟，我行我素，还是坚持己见，逮捕关押了袁崇焕。

接着，崇祯帝采取了一些补救措施，借以安定前线将士。令太监车天祥慰问辽东将士；命满桂统率各路援兵，节制诸将；谕马世龙、祖大寿分理辽东兵马。年轻的崇祯帝，自以为得计。

总兵官祖大寿眼见崇祯帝下令逮捕袁崇焕，如晴天霹雳，不知所以。他与崇祯帝虚与委蛇，表面答应。而后，他奔出险地平台，同副将何可纲一起，率领辽东将士，毁弃山海关，杀回老家宁远。崇祯帝逼反了祖大寿。

接下来，崇祯帝发布谕旨，指责袁崇焕，谕曰："袁崇焕自认灭胡，令胡骑直犯都城，震惊宗社。夫关宁兵将，乃朕竭天下财力培养训成，远来入援。崇焕不能布置方略，退懦自保，致胡骑充斥，百姓伤残，言之不胜悼恨。今令总兵满桂总理关宁兵马，与祖大寿、黑云龙督率将士，同心杀敌。各路援兵，俱属提调。仍同马世龙、张弘谟等设奇邀堵。一切机宜，便宜行事。"

在皇太极的反间计下，袁崇焕由昔日的殿上臣，变成了今天的阶下囚。

天聪四年（1630年）八月十六日，明廷以"通虏谋叛"、"失误封疆"等罪名，悍然将率师入卫北京的袁崇焕处以磔刑，其家产没收入官，兄弟、妻子流放三千里。

袁崇焕之死实是一桩历史冤案。奸臣得势，忠臣被害。黑白颠倒，忠奸混淆。明朝崇祯时期，君昏臣奸，朝政紊乱。这给皇太极以可乘之机，使其反间计大行其道，最终导致明朝忠臣袁崇焕授首。这也证明皇太极的反间计收到成效。袁崇焕冤死，奸臣当道，国事日非。清人评论说："自崇焕死，边事益无人，明亡征决矣。"

袁崇焕下狱，祖大寿大惊，急率所部毁山海关，奔锦州。袁军听此噩耗，顿时走散一万五千余人。北京永定门南，明朝军与后金军进行了残酷的肉搏战。明朝军以满桂、黑云龙、麻登云、孙祖寿四总兵率领的

四万步骑兵，同后金军厮杀，满桂等三十余名军官战死，明朝军失败。

这时，后金诸将争请攻打北京城。皇太极笑着说："城中痴儿，取之若反掌耳！但其疆域尚强，非旦夕可溃者，得之易，守之难，不若简兵练旅，以待天命可也。"

于是，皇太极留下一封答复崇祯帝的请和信后，率军离京东归，连下遵化、永平、滦州、迁安四城，留兵据守，其余众军返回沈阳。

在这次出兵中，皇太极最大的收获就是用反间计除掉了袁崇焕。

反间计最初是指利用对方的间谍，提供假情报来迷惑对方，以达到"疑中之疑，比之自内，不自失也"的目的。

反间计起自于古代战争，但随之成熟之后，在我们现代的竞争中，也屡试不爽。反间计之所以能够经久不衰，正是成功地利用了人和人之间存在猜疑和不信任的弱点。俗话说"疑人不用，用人不疑"，但是在现实中，能够做到用人不疑的实在是少之又少。

反间计听起来好像很难实施，其实不然，因为人与人之间有猜忌的存在，反间计其实很简单就能够实现。就好像皇太极计杀袁崇焕，只是两个落魄的小太监传达的话语，就让崇祯皇帝杀死了自己的护国大将，错在两个小太监？还是在袁崇焕？正是因为领导者和自己的下属之间相互不信任甚至彼此厮杀，才会给旁观者坐收渔翁之利之机，施反间计者即收渔利者，足见其精明之处。

古代谋略家一直注重反间计的运用。在军事上用反间计的例子举不胜举。在我们现代社会竞争中，用反间计的例子也是多如牛毛。我们在竞争的过程中，可以适当地运用反间计，破坏竞争对手的内部和谐。

使用反间计的最终目的就是让对手内部发生混乱，最好能够达到鹬蚌相争的效果，只有这样，才能够让自己以最小的代价，换取最大的利益。

离间对手，可以巧妙地施以计谋，或者潜入对手内部去挑动对手自相残杀，或者制造矛盾，各个击破，然后得利。

离间对手在竞争中并不是什么光彩行为，但是因为它的效果非常好，在竞争中为一些厚黑谋略家所青睐。我们在竞争中，鉴于公平竞争的原则，希望自己的手段光明正大，完全可以放弃这种谋略，但是却不能不预防被别人使用这种谋略。

反间计造成的就是内部的混乱，使得管理者一时摸不清头脑。这就要求管理者在平日建立良好的制度，确保在有人使用反间计的时候，能够有制度的约束和保障，不会陷入混乱的局面。另一方面，作为管理者，在混乱局面出现时，一定要保持冷静，三思而后行，保证自己的决策能够不受到对手的计策影响。作为下属，面对这种情况，要积极应对，和领导做好沟通，以消除误会，消灭矛盾，维护自己团队的稳定。

离间对手是一种行之有效的谋略，但是防止对手使用这种谋略，或者破解对手的这一谋略，则是更高一层次的智慧。在竞争中，我们在关键的时刻，可以尝试使用这种计谋，并且随时小心这种计谋。

谋略制定要实事求是

一个策略的制定，一定要考虑现实的情况，依据现实的情况制定相应的谋略，不能凭自己一时的冲动和幻想期待去制定谋略。只有实事求

是的谋略，才能够在现实竞争中取得效果，使自己获得成功。

天聪八年（1634年）五月十一日，皇太极召集诸贝勒、大臣，征求他们对征明的想法。

皇太极先把国内外的形势说了一遍。他说："现在后金国内物阜民丰，蒸蒸日上，是建国以来最兴旺的时候。我们不仅有满洲八旗，还开始建立汉军八旗。实力比以前增大了许多。而大明正日渐衰颓，皇帝虽曾想励精图治，可是他被贪官庸吏所围绕，已无所施其技，变成一个卑微多疑的昏君，臣子纷纷离他而去。遥望中原大地，处于绝境的百姓纷纷揭竿而起，已成群雄并起的局面。在这样的时候，我想再次入塞内征明……"

听到大汗这样决定，与会者都面露喜色、摩拳擦掌。

他们想起两年前逼近大明京师的时候，吓得明朝廷手足无措，匆忙间把自己最得力的大将袁崇焕也杀了，掠得的财宝和物资到现在也没用完。特别是经过那次入塞，初露锋芒的年轻将军们更是欢呼雀跃……

看到臣下积极响应，皇太极更为高兴。他问："大家看，我们从哪里进兵为好呢？上一次我们是从喜峰口进塞的，这一次我们还从那里进吗？"

德格类喊道："大汗，这一次咱们可别从小路偷偷地溜进去了，要光明正大地和他们干，我看就从山海关吧！"

德格类一开头，别的年轻将军也站起来纷纷表态，他们都同意德格类的提议。

皇太极一面听一面琢磨着。这些年轻人仍然低估了大明的实力，有道是百足之虫死而不僵，何况大明还有十几省的土地，上百万的军队呢！有道是国难出忠臣，受儒教熏陶了几千年的臣子们还会有许多人勇于为大明殉葬的。

他看看大哥代善正托着他那须臾离不开的大铜水烟袋，低头沉思。

皇太极把桌案拍了拍，与会者静了下来。

"大家冷静些，还是听一听大贝勒的意见吧！"

代善这年刚刚五十岁，大概因经过的事情太多，已经须发皤然。但他身体还算健壮，每次行动，他都没有落下。

"大汗觉得我该说说，我就讲一讲……"他把铜烟袋放在面前的桌上。"也许我年纪大了，没有年轻人的锐气了……我觉得还是绕道蒙古为好……"

代善是很有威信的，大家都希望他说出独出心裁的话，听他这么说，有人便轻轻地叹了一口气。

"我这么说是有理由的。大明现在的情形是如大汗分析的那样，可是，整个大明还没有伤筋动骨呢！咱们想一口吞下它，还是很难很难的。你们瞧，山海关守备得十分严紧，我们去打，怕是会重蹈几年前宁锦的覆辙。比起山海关来，大明的宣府、大同一带关口就等于没人防守了！我们何不从那里直捣大明呢？"

大家想着大贝勒的话。

"大哥说得对！要是大家都能像大哥这样老成持重，这样深谋远虑的话，咱们的事业就更发达了。"皇太极眼睛灼灼发亮，"我完全同意大贝勒的意见。咱们走察哈尔还有另一个意义在，察哈尔前不久为我所败，举国骚然，其贝勒、大臣将来归我。我们可以趁机收拢他们，一举两得。我希望大家好好地想一想大贝勒的话……下面请范章京为我们讲一讲宣府、大同那边的情况。"

范文程已经是后金的第一谋臣。后金的文臣、武将都十分佩服他。

现时他蓄起了五绺长髯，飘飘然似有仙风道骨。

他站起来，走到前面，几个侍者帮着把一张自绘的大地图挂到墙上。在说了方位后，他就一边指着地图，一边开始讲了。

宣府本是秦汉时的上谷郡。明初，在此设开平卫，与辽左互为呼应，该地形势十分险要。"紫荆关控其南，长城枕其北；居庸左峙，云中右屏；内拱陵京，外制外族，乃西北一重镇也！"

大同是秦汉时云中郡。明初设大同府，明太祖封其一子为代王居于此。自古这里就是"用武之地"，所谓"华夷互争疆场所必守者也"！

这两处重镇都因防御、控制北方民族而为历代兵家所重。明朝为组织蒙古南下，筑城堡设重兵，自称"固若金汤"。

"……但到了今天，这一地区的守备就大不如过去了。一方面，蒙古的不断入侵、破坏，另一方面，明朝廷已把这里的军队大部调到辽东对付咱们了，致使宣、大一带塞垣空虚，岌岌可危。"说到这里，范文程笑笑，"大汗选择这里为这次出兵的突破口是十分英明的，从战略上说：这就是避实击虚，攻其不备。大同离明京师稍远，宣府距京师三百余里，大汗率军突袭这两个重镇，不仅给京城造成直接的军事威胁，而且足以产生动摇明朝根本的长远影响。"

范文程说完，诸贝勒、大臣都对皇太极和代善的计划有了深刻的认识。别的汉臣根据自己在明朝时的体验，分析了明朝的军队情况。他们说明军大多很注意保存自己的实力，很少主动前来迎击或者支援友军，所以很利于各个击破。

战略很快就定了下来，各旗开始了紧张的准备。

五月二十二日，皇太极率大军离开沈阳西行。当天就渡辽河到达都尔鼻，迎上了带兵来会的蒙古军。

在这里，皇太极把部队做了进一步的调整。为便于长途奔袭，令各旗以骑兵为主。

行军途中，他又陆续地把八旗人马分成四路。

六月二十日，命德格类率军一支进独石口，会大军于朔州。

六月二十三日，遣代善率他的儿子萨哈廉、硕托入得胜堡。

七月五日，令阿济格、多尔衮、多铎兄弟率军入龙门口。皇太极自率一支从尚方堡入塞，经宣府趋应州（今山西应县）至大同。

到了七月八日，后金的军队已经全部突入了内地。

在大同附近，他又召集各路军主将会议，再次指明这次进兵，仍不在于得城池、占土地，主要目的是抢掠明朝财富，消耗明朝的经济和军事实力。对城镇能取则取之，一时攻不下，也不恋战，绕开转攻别处。他还令各旗组织了运输大队，把抢掠得到的大量财物陆续运回后金。

任务明确了，他们的行动便更为灵活。

皇太极逼近宣府，被明军的大炮轰退，他就转攻应州，夺取应州后，抢掠两天又自动放弃。

阿济格一路，从龙口一入边就攻龙门，受阻后就转攻保安州（今河北涿鹿）。

西路代善父子入边后，即攻怀仁县，没攻下，立刻转向井坪（今山西平鲁）。两天没攻下，皇太极就指示他们攻打朔州附近的马邑。

东路的德格类入边后攻陷了长安岭，抢掠后又攻赤城，在那里被阻，便奔安州，转赴应州和皇太极会合。

因为是长途奔袭，后金军不可能带着很多大炮和攻城器械，所以一见明军的城坚炮利就赶紧绕开。

六月上旬，当皇太极行经察哈尔西进时，明廷就得到了急报。

崇祯立刻把有关廷臣找来，但没有商量出应对的好办法，因为这时全国到处是农民起义，犹如烈火熊熊。特别是云南、两广、山西等地更为炽烈。高迎祥、李自成、张献忠等部已经使明朝剿不胜剿，势如搏牛。他们实在抽不出更多的兵力去阻挡皇太极的大军。只能指示地方部队严防死守。

几天内，崇祯就发了十几道谕令。如指示宣、云等处"尤宜严备、固守"。如被逆贼攻破守官将"立置重典"。旨令虽严，但地方官只能就其力而为之。这几年他们已被起义军弄得身疲力竭，根本无力应付大的事变。后金军一到，他们能守则守，不能守则跑。当然，为明朝死节的也不少。如保安州知州阎生斗城陷被执，不降，死之。吏目王本立、训导张文奎、生员姚时中俱死。守备徐国泰妻妾及全家十三口皆殉……

又如在灵丘，知县蒋秉采募兵坚守，力屈、众溃，投缳而死，阖门殉之！

崇祯和廷臣议论了半日，结论是宣、大地区的军队不顶用，连下几道谕令，调宁远总兵官吴襄，山海关总兵尤世威率军两万分道驰援大同。

同时，京师宣布戒严。

后金各路大军陆续会于应州。

在代州攻克后，皇太极下令在这里稍做整顿，然后分路出击。东路至繁峙，中路至八角，西路至三岔。

八月十三日，皇太极离开应州向大同挺进。在这里他遇到了吴襄和尤世威的部队，展开激战。相持五天后，吴襄部败北，可是尤世威守住了北门。皇太极始终未能完全占领大同。三天后，他率军转攻西安堡。攻克后大抢一番，又奔阳和……

其他诸路军马先后攻克灵丘、崞县等城。在忻州，后金军遇挫，他们就撤兵至保定竹帛口，城破，守军千总张修战死，后金的将军巴都礼也身殁，双方互有胜负。

八月二十七日，皇太极率军离开阳和，闰八月四日，攻下了万全左卫，杀守备常汝忠歼灭明军千余。七日皇太极下令班师。后金大军从尚方堡出塞。因为接收、处理察哈尔的余众耽搁了一些日子。直到九月十九日，他们才回到沈阳。

皇太极率军第二次远行数千里入塞，"历五十天，杀掠无算，大获全胜"。在大肆抢掠之后，满载而归，给大明以极大的震撼。虽然，皇太极"严令军士烧杀"，可是他们的目的既然是抢掠财物，就多少会给当地人民造成一些灾难。

明朝军队的纪律很坏，从各地来援大同的人马，也趁机搜刮百姓，弄得周围的村镇十室九空。王应熊上书说："……彼（后金）利金银玉帛耳，田禾未损。援兵屯城西，刈禾牧马，民甚苦之……"

皇太极在历次战争中取得的成就，无不得益于他在战前依据现实情况，制定了相应的战争谋略。他并不急于求成。他总是在现实的依据之上，集思广益，制定最符合实际，最有成效的谋略，在一次又一次的战争中，取得自己的利益。

我们应该从皇太极身上学习这种实事求是的精神，不要总想着一步登天。实事求是就是要从实际出发，依据现实情况，探究事物的内在联系及其发展规律，认识到事物发展的本质。谋略的制定之所以要实事求是，是因为只有在认识到了事物之间的本质联系之后，才能使谋略符合事物发展的规律，保证自己的谋略能够奏效。

制定谋略要因地制宜，符合实际情况。皇太极选择进军路线的时

候，就明确地拒绝了很多人不符合实际的建议，而选择了不发生正面冲突，自察哈尔进军，正是依据现实的情况。所以皇太极选择了正确的突破口，从而减少了自己的伤亡和代价。

我们现代人在制定谋略时，也应该做到实事求是，立足现实，因地制宜，因时制宜，只有这样才能够保证自己获得成功。

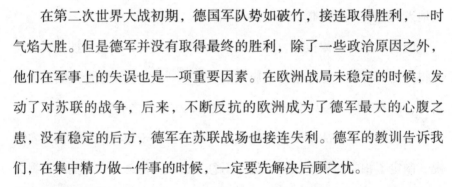

要解除后顾之忧

在第二次世界大战初期，德国军队势如破竹，接连取得胜利，一时气焰大胜。但是德军并没有取得最终的胜利，除了一些政治原因之外，他们在军事上的失误也是一项重要因素。在欧洲战局未稳定的时候，发动了对苏联的战争，后来，不断反抗的欧洲成为了德军最大的心腹之患，没有稳定的后方，德军在苏联战场也接连失利。德军的教训告诉我们，在集中精力做一件事的时候，一定要先解决后顾之忧。

朝鲜与中国山水相连，唇齿相依。它东临日本海，西濒黄海，北面原与明朝毗连，并有水陆交通往来，自后金占领辽、沈等地后，始被截断而成为后金的左翼邻国。

中朝两国自古就是友好邻邦。明朝建立后，李氏朝鲜同中国的友好关系有了进一步的发展。特别是万历年间，中朝并肩作战，抵抗日本对朝鲜的侵略，从而更加深了两国的友好关系。在明与后金的战争中，由于朝鲜与明朝的友好关系，而且朝鲜还遭受过努尔哈赤的骚扰，所以朝鲜一直站在明朝一边，从人力、物力上支援明朝。天命四年（明万历四十七年，1619年），明辽东经略杨镐率四路大军进攻后金，朝鲜派军助战。明军惨败，朝将姜弘立率军投降了后金，并受到努尔哈赤的礼待。努尔哈赤致书朝鲜国王，企图乘此迫其归顺，但遭到朝鲜的拒绝。此后，朝鲜开始对后金密切注视，并加强对后金的防御。

朝鲜与明朝陆上的联系虽被后金隔断，但仍保持海上同登、莱的联系，特别是它同意明总兵毛文龙驻守皮岛（今朝鲜之椵岛），收纳和安插辽东"逃人"，并把这看做"小邦（朝鲜）所仰借"。所以，当后金一再交涉，要求朝鲜将"逃人"送还时，朝鲜却不予理睬，反交还明朝。后金深感来自朝鲜（包括驻守皮岛的明军）的威胁，对朝鲜的敌对行动更加不能容忍。

天命十年（1625年），朝鲜武将李适、李贵等推翻光海君王位，立李倧为王。后因李倧赏赐不均，引起李适、韩明琏叛乱。次年，李适被擒斩，余党韩润、郑梅等逃入后金，乞求出兵援助，皇太极遂乘朝鲜内乱之机，发动了第一次对朝战争。

天聪元年（明天启七年，1627年）正月初八日，皇太极命贝勒阿敏、济尔哈朗、阿济格、岳托统兵5万，渡鸭绿江，用兵朝鲜。他授以方略："此行非专伐朝鲜也。明毛文龙近彼海岛，倚恃披猖，纳我叛民。故整旅徂征。若朝鲜可取则并取之。"十四日，后金军攻陷义州，分兵一部向铁山，袭击明毛文龙部。毛文龙部接战失利，还师皮岛。

后金军主力在朝鲜降将姜弘立、韩润引导下，沿朝鲜湾南进，连下铁山、定州、凌汉山城。后金兵进攻凌汉山城时，先喊话劝降。城中军民回答："受命守城，当效死。"后金兵遂运来云梯，鳞次架城。守城军民虽殊死战斗，矢石如雨，然终因士卒力竭、器械用光而失守。宣川府使奇协战死，定州牧使金搢、行军则有健被俘。

第六章　皇太极对你说谋略

后金的战略目标是先占平壤,进而攻占汉城。阿敏深感兵力不足,遣人回沈阳调后续部队支援。皇太极说:"前进事宜,尔等详加审酌,可行则行,慎勿如取广宁时,不进山海关,以致后悔;如不可行,亦勿强行。"皇太极一面给阿敏以机动权,一面派蒙古兵前往义州。二十一日,后金3.6万骑兵攻占安州,直逼平壤。城内守军不满万人,向汉城告急。李倧召见大臣商讨对策,有的主张派兵救援,有的主张请求明军来援,但都缓不济急。二十六日,后金军兵临城下,朝鲜守将早已闻风逃遁,城内兵民弃城而逃,后金军遂进占平壤,并于当天渡过大同江,驻营中和(平壤城南)。

朝鲜京城汉城军民听说后金军已席卷大半个朝鲜,一片惊慌。李倧派张晚为都元帅,征诸道兵赴京勤王。张晚奉命以行,至半途闻后金军已攻陷平安诸城,自己亦弃职而逃,致汉城以北更加空虚。李倧遂以大将金尚客留守汉城,自己携眷属逃往江华岛。

二月初,后金兵到达黄州。后金军进抵中和时,李倧曾遣使要求"议和"。后金向朝鲜提出割地、交出毛文龙、借兵1万共同伐明三项条件,其实质是要朝鲜断绝同明朝的关系,与后金盟誓。李倧在强敌进逼面前,企图妥协,遭到一些力主抗战大臣的反对。于是他复信阿敏,表示不能与明朝绝交,愿奉行与明和后金都友好的政策。阿敏见李倧未能就范,遂继续进兵至平山、瑞兴,施加军事压力,并派刘兴祚率兵去江华岛,胁迫李倧接受议和条件。李倧坚持"退兵而后议和",刘兴祚不许。后在后金强大的军事压力下,李倧被迫求和。三月初三日,双方筑坛盟誓,朝鲜对后金称"兄弟之国"。后金基本达到目的,遂留兵一部守义州,撤军回国。四月,后金兵返回沈阳。

后金此次用兵朝鲜,基本上割断了朝鲜和明朝的联系,迫使朝鲜在一定程度上与后金建立关系，逼迫毛文龙退守海岛。后由于毛文龙被袁崇焕所杀，他的部将孔有德、耿仲明率部众投降后金，使后金初步解除了后顾之忧。

皇太极第一次对朝鲜用兵，虽迫使朝鲜接受议和条件，但并未使其真正屈服。天聪元年（1627年）七月，朝鲜迫使后金撤回镇守义州的军队。同年十二月，当后金遣将到朝鲜勒索粮食时，朝鲜只卖给1000石，应付了事。向后金所纳贡物，也逐年减少。朝鲜与明朝的关系虽受后金阻遏，但并未完全断绝。李倧坚持与明保持"父子之国"的原则，同意明参将黄龙率军镇守皮岛，保护明朝在朝鲜的利益。

后金深感朝鲜仍未完全归服，企图进一步施加压力。天聪五年（1631年）正月，皇太极以朝鲜不如数奉献贡物为由，致书李倧，并以调遣蒙古10万兵马侵扰朝鲜相威胁，六月，又派兵万余自义州浅滩渡江到龙川、定州等地袭掠。朝鲜责其"无故深入，抢掠我边民，攻夺我仓谷，虽以伐岛为名，其实已渝盟矣"，并将后金兵击退。这更加激怒了皇太极。次年十一月，后金又派使者到朝鲜，索要黄金万两、白金万两、精兵三万，并声称"当革兄弟之盟，更结君臣之约"。朝鲜又未如数奉献。皇太极尤其忌恨朝鲜与明朝的传统友好关系，多次逼迫朝鲜断绝与明朝的往来，但都遭到拒绝，以致后金与朝鲜的关系日趋紧张。

天聪十年（1636年），后金经过内政改革和经济恢复，力量明显增强。二月，皇太极准备称帝，遣使往朝鲜要其派使臣参加他的登基大典，实际是要李倧向皇太极称臣。对此，朝鲜上下均激烈反对。有的主张拘禁后金使者，有的主张严辞驳斥，有的提出要洗雪以前所受的羞辱。掌令洪翼汉说："渠苟欲称天子莅大位，唯当自帝其国，号令其

皇太极圣旨

俗，何必禀问于我哉！所以渝盟开衅，赫借我口者，将以称于天下曰：
'朝鲜尊我为天子矣'，殿下何面目立于天下乎！"李倧采纳了群臣的
意见，拒绝遣使。十一月，后金要求朝鲜送回使者，遭到拒绝，皇太极
决意再征朝鲜。

朝鲜拒绝遣使称臣之后，即着手备战，"下谕诸道，使忠义之士，
各效策略，勇敢之人，自愿从征，期于共济艰难"。李倧还寄希望于明
朝派兵支援，但当时明末农民起义正蓬勃发展，明王朝难以抽出更多军
队前往支援。

天聪十年（1636年）十二月初一日，皇太极命郑亲王济尔哈朗留守
沈阳，以武英郡王阿济格、多罗饶余贝勒阿巴泰等防备西部明军，于次
日亲率12万大军（满洲八旗7万、蒙古兵3万、孔耿汉兵2万）再征朝鲜。

皇太极先命多尔衮、豪格率左翼满洲三旗、蒙古三旗及蒙古左翼兵
从宽甸路入长山口，又命户部承政马福塔等率兵300伪装商人，星夜赴汉
城监视朝鲜王李倧的行踪，命多铎、岳托率兵千人继其后。初九日，大
军踏冰渡过鸭绿江，经义州、定州，向平壤进军。十三日，一支清军抵
达平壤，城内兵民一片惊慌，不知所措，该城巡抚逃遁。朝鲜王李倧命
判伊金庆征为都检察使，李敏求为副，指挥军民固守江都。十四日，马

福塔所率前锋军进抵汉城，并与朝鲜守军接战。此时，朝鲜王李倧已逃往南汉山城。十六日，多铎、岳托等率大军继至，将南汉山城包围。

汉城守兵粮饷甚少，兵力不足，急待四道合兵救援。李倧以俞伯曾为协守使，指挥百官守城堞，"城中受困，而人无畏色"。清兵围城四五处，处处燃火。多铎又令阿尔津、色勒各率兵力一部设伏，阻击朝鲜援军。二十三日，守城兵出击，清兵死伤甚众。皇太极急派后续部队声援多铎，又令杜勒速携红衣大将军炮等火器赴汉城。二十六日，原州营将权正吉率军来援，城中放炮，举火相应。皇太极率大军渡汉江，包围了南汉山城。城内守兵仅400余人，李倧令各地急速调兵救援。朝鲜一巡抚率兵1.8万人来援，被硕托等击败；另一支援兵约5000人，亦被清军击败。三十日，清军占领汉城。

"李倧困守南汉山城，束手待毙。崇德二年正月初，朝鲜全罗道沈总兵、忠清道李总兵所率最后的两支援军，还未到达即被击败。此时，清将孔有德、耿仲明、尚可喜所运火炮已矗立在城下。二十二日，江华岛出动30只大船和鸟枪手近千人拒战，也被击败。皇太极乘兵临城下的有利时机，多次致书李倧，令其投降。三十日，李倧接受了皇太极的条件，向清军投降，中止与明朝的同盟关系，而与清结为"君臣之国"，并接受奉大清国正朔、惩办主战大臣、以其子为人质等条件。二月初二日，清军班师回沈阳。

皇太极此次对朝鲜用兵，彻底征服了朝鲜，扫清了左翼劲敌，基本上解除了对明用兵的后顾之忧。加之从朝鲜获取了大量物资，增强了军事实力，为全面展开对明战争创造了条件。也正是这种正确的策略，使皇太极免于遭受和德军一样的境遇，在和明朝进行最终对决的时候，能够集中精力、放手一搏。

所以，无论在做任何事之前，我们都要像皇太极一样先解决自己的后顾之忧，因为只有解决了后顾之忧，我们才能够集中精力、放手一搏。无论是一个人，还是一个团队，或者一个企业集团，甚至到一个国家，在自己的发展过程中，有时候造成失败的，往往不是来自正面的打击，而是自己后方那些本来很不起眼的隐患。

后顾之忧这一成语来自于北魏名宰相李冲的故事。北魏孝文帝经常出征在外，而国家内部的事情，就交给李冲打理。李冲办事认真公正，能够将朝中的事情打理得井井有条，深得孝文帝的信赖。在李冲病故后，孝文帝深感痛惜，有一次祭奠李冲的时候，孝文帝在李冲的墓前说道："平日里我出征的时候，把事情交给你，我就没有后顾之忧了。"

在发展的道路上，后顾之忧使我们如鲠在喉、芒刺在背，使我们无法安下心来，在发展和竞争中不能够集中精力。正由于这些后顾之忧，导致我们在发展中落后，在竞争中失败，所以说我们往往不是输在了正面的对决中，而是败给了后顾之忧。因此我们一定要注意，在做任何事之前，一定要首先解除自己的后顾之忧。

皇太极很英明地解决了自己的后顾之忧。历数古今中外战争的谋略，英明的领导者总是懂得解除自己的后顾之忧，让自己能够免于分心，能够集中精力，最后成就自己的事业。

团结一切可团结的力量

我们在竞争中，要善于团结那些和自己没有主要竞争关系的力量，吸纳进自己的队伍中，甚至可以采取联合的措施，只有这样，才能尽量减少自己的对立面，扩大自己的实力，削弱对手，进而能够集中力量，消灭自己的主要对手。总之，用毛主席的话来说，就是"团结一切可以团结的力量"。只要我们调动一切积极因素，化消极因素为积极因素，我们的工作就一定可以做好。

皇太极登基后面临的外部形势十分严峻。后金的西面是蒙古，东面是朝鲜，南面是明朝。皇太极的战略目标是征服明朝。但是，皇太极登基后，原来的蒙古喀尔喀扎鲁特部蠢蠢欲动，朝鲜也不十分驯服。为此，皇太极高屋建瓴，在首先稳住明朝的前提下，先后发动了对蒙古和朝鲜的战争，以图进一步稳定后方，彻底解决后顾之忧的问题。

皇太极首先把进军的矛头指向了喀尔喀扎鲁特部。主要的原因是，天命十一年正月，努尔哈赤在攻打明朝宁远城（今辽宁兴城）未遂而退回时，遭到喀尔喀扎鲁特部贝勒鄂尔寨图等的突然袭击。他们袭击努尔哈赤遣往科尔沁部的使臣，劫掠财物。这使努尔哈赤极为愤怒，也给皇太极留下了屈辱的深刻印象。于是，皇太极在即位仅一个多月之时，就决心发重兵袭击喀尔喀扎鲁特部。

天命十一年（1626年）十月初十日，皇太极下令袭取喀尔喀扎鲁特部。皇太极命令大贝勒代善、二贝勒阿敏及德格类、济尔哈朗、阿济格、岳托、硕托、萨哈廉、豪格诸贝勒，率兵一万人，征讨扎鲁特部。天聪汗皇太极亲率三贝勒莽古尔泰及多尔衮、多铎、杜度等贝勒，欢送至都城沈阳之北的蒲河山冈，"命声讨扎鲁特背盟之罪"，并公开发布了战书。

袭击喀尔喀五部之代善大军取得了完全的胜利。天命十一年（1626年）十月二十五日，大贝勒代善派遣使者自军中而还，奏报胜利的消

息。此次战果颇丰：擒获了喀尔喀部扎鲁特贝勒巴克及其二子，并喇什希布、戴青桑葛尔寨等十四位贝勒，杀掉了劫夺财物的贝勒鄂尔寨图，尽获其子女、人民、牲畜。大获全胜，即将凯旋。

十一月初二日，皇太极率领诸贝勒大臣，从沈阳出发，到铁岭樊河界驻扎，等待欢迎往征扎鲁特部的大贝勒代善等凯旋。十一月初四日，凯旋的诸贝勒率领八旗兵，列队而至。队伍整齐，剑戟拥立，兵威隆盛，士气飞扬。皇太极兴致勃勃地率领诸贝勒大臣，出到城外迎接。竖立八纛，祭拜天地。然后，皇太极回到临时搭建的黄幄，登上宝座。此时，凯旋的诸贝勒大臣进入黄幄，向皇太极行跪拜礼。皇太极表现谦恭，对大贝勒代善和二贝勒阿敏的拜见，不予承受，"不欲坐受"。皇太极率领三贝勒莽古尔泰及诸大臣答礼。接着，君问臣答，分别行隆重亲密的抱见礼。皇太极追忆太祖努尔哈赤的功德，叨念诸位兄弟远征的劳苦，心情感伤，"怆然泪下"。初五日，论功行赏。初九日，皇太极率众回到都城沈阳。

皇太极即位不久，就命重兵远袭喀尔喀扎鲁特部。这是父汗努尔哈赤对西虏蒙古政策的继续。努尔哈赤对待蒙古的是"顺者以德服，逆者以兵临"的"恩威并行"的正确策略。扎鲁特部由"顺者"转为"逆者"，皇太极就采取了"逆者以兵临"的策略。这个策略显然是成功的。

当然，皇太极对待西虏蒙古的策略，是父汗努尔哈赤对待蒙古策略的继续。

明朝中叶以前，明帝对待北方的蒙古和东方的女真采取了"以东夷制北虏"的战略方针，试图联合女真抑制蒙古。满族兴起后，明朝的这个战略方针有了根本性的改变，开始极力联合蒙古抑制后金。

努尔哈赤的战略目标是明朝。为此，他对蒙古也采取了联合的方针。这就是说，蒙古处于明朝和后金双方极力争取的有利地位。为此，蒙古就采取了实用主义的做法，巧妙地从双方获取既得利益。有鉴于此，努尔哈赤对蒙古采取了联合斗争、联姻结亲、馈赠赏赐的策略，取得对蒙古的战略主动。

第一，斗争联合。对蒙古不能只是一味地联合，也要有必要的斗争。联合斗争中，斗争是第一位的。没有必要的斗争，联合就是一座空中楼阁，不堪一击。皇太极坚信这一点。但在军事进攻奏效的前提下，皇太极更注重运用招抚劝降的策略，如前文提及的劝降祖大寿等事例。

第二，联姻结亲。采用联姻结盟的方法与蒙古联合，这是从努尔哈赤时代开始的。万历四十年（1612年），努尔哈赤迎娶科尔沁贝勒之女博尔济锦氏为妻；万历四十三年（1615年），努尔哈赤又迎娶科尔沁孔果尔贝勒女博尔济锦氏为妻。不仅如此，他有六个儿子也先后迎娶蒙古王公的女儿为妻。他们是第二子代善，第五子莽古尔泰，第八子皇太极，第十子德格类，第十二子阿济格，第十四子多尔衮。

皇太极继续贯彻实行了与蒙古联姻结亲的政策。皇太极本人和子侄，以及贝勒大臣也都和蒙古贵族联姻结亲。皇太极的孝端文皇后、孝庄文皇后、宸妃都是蒙古科尔沁人。皇太极的儿子顺治皇帝的皇后孝惠章皇后，也是蒙古科尔沁人。有些蒙古王公要求娶后金宗室的女儿，皇太极也尽量满足他们的要求。

第三，馈赠赏赐。蒙古是游牧民族。他们盛产牛羊等畜牧产品，但缺乏很多生产资料和生活资料。许多生产资料和生活资料的取得，或靠贸易，或靠掳掠，或靠馈赠，或靠赏赐。清太宗皇太极深知，对蒙古贵族的馈赠和赏赐是联合蒙古的必要手段。为此，皇太极利用各种场合和

机会，对蒙古贵族大量地馈赠和赏赐。

皇太极对待蒙古的政策，使蒙古变成了他的盟友，为他获得了一个稳固的后方。这对皇太极未来征明的大战略，是个很好的铺垫。皇太极这样做正是证明了团结的重要性。

"团结一切可以团结的力量"这一战略决策，探究其根源，大概可以追溯到先秦时代秦国所奉行的"远交近攻"。先秦时期，群雄并起，诸侯纷争不断。战国时代，七雄鼎立，各自为战，利益决定了当时各国之间的外交关系。于是秦国奉行了一种远交近攻的对外政策。这种政策的精髓，就是要团结一切可以团结的力量，联合进行战争，最起码，要将他们推向中立位置，使他们不会处在自己的对立面，对自己形成威胁。远交近攻的策略，给了秦国很大的发展空间，秦国也正是凭借着这种正确的战略决策，将自己的领土一步一步扩大，将自己的实力一点一点变强，最终一统天下，成为了千古以来华夏第一个大帝国。

在中国革命战争的最初阶段，共产党领导的革命力量一度处于劣势，在日本发动全面侵华战争之后。毛泽东提出，要团结国内一切可以团结的力量进行全民抗战。在这种情况之下，联合了国内所有的反抗力量，使抗战力量得到了增强，为取得最终的抗战胜利奠定了一定的基础。

在竞争的过程中，我们处于劣势的时候，要善于团结第三方力量，以增强我们的实力，削弱对方的实力，逆转态势，取得竞争的胜利；在敌我势均力敌的时候，我们也要善于联合第三方力量，这样才能够打破僵局，使竞争结果更快见分晓。只有这样，才能有效地瓦解对手的信心，以最小的代价获得竞争的成功。

团结第三方势力，有着显而易见的好处。首先，团结第三方势力，能够有效增强自己的实力。其次能够相对削弱对方的实力。最重要的一点，在竞争中，这样可以使自己化解劣势，强化自己的优势，最终获得竞争的胜利。

第七章

皇太极对你说 *纪律*

　　"国有国法，家有家规。"一个人，一个团队，一个国家都要靠纪律的约束来实现有秩序的发展。孟子曾说："不以规矩，不成方圆。"一个团体，无论其规模大小，都需要纪律的约束。没有法律的约束，国将不国，天下大乱。没有纪律的约束，一个团队的成员将各行其是、没有秩序、没有工作绩效，更不能树立严谨的团队形象。

团队纪律要严明

　　无论是个人，还是一个团队，都要遵守纪律，都要把纪律摆在首位。但是在贯彻落实纪律的过程中，经常会有"法"和"情"的冲突。有些人试图法外容情，在这种情况下，往往造成纪律的废弛。要落实严明的纪律，就一定要杜绝因私废公，做到法不容情。

　　皇太极一直很注重纪律的重要性。他在自己的管理过程中，一向以纪律严明而著称。太宗治国，以勤奋著称，特别是对刑事处分的大小案件，尤其仔细，总是与诸贝勒大臣和主管官员反复讨论，唯恐出错，冤枉好人。有些案件，他要在请贝勒大臣陪同下，亲自审讯，务求案情水落石出，处理得当。

　　崇德四年（1639年）八月，以扎喀纳等官员追捕逃人不力，太宗亲自登殿，详审当事人案情经过。

　　案情是这样的：

　　内大臣多尔济所属，有三名蒙古人，一名汉人，携马五匹，自伊鲁地方逃走了。所谓"逃人"，是指那些奴仆或士兵，个别的也有官吏，私自潜逃。自努尔哈赤时，就制定了"逃人法"，刑法严苛，有逃必捕，凡捕回者一律处死。太宗时，对此刑法有所宽松，但对此类案件仍然十分重视，特别是携带兵械、财物、马匹而潜逃的，一定要追回。此次，发现有人携马匹私逃，太宗闻讯，立即命驻防镇国公扎喀纳、辅国公杜尔祜、宗室顾尔玛洪等率官兵分布于藩城与屏城之间，堵截逃人，并嘱咐说："逃人必从这些地方出现，要急追捕获。"

当时，扎喀纳的戍期已到更换时间，正在返家途中，接到太宗的命令，即赶到太宗所提示之地，等待逃人自投罗网。果然，逃人出现了，傅尔丹等从后面跟踪追击，捕获两匹马，已望见逃人，随后追到哲尔里克地方，因道路泥泞难行，便停止追捕，擅自返回。

兵部得到报告，派人逮捕了追逃人的官员，同时，也在兵部衙门押了扎喀纳等官员。

兵部如实向太宗报告，请示如何处理。太宗马上召和硕诸亲王、郡王、贝勒、贝子及文武群臣，集中到崇政殿，亲审此案。

太宗命诸王贝勒及群臣近前些，又令失职的有关人员：镇国公扎喀纳、杜尔祜、顾尔玛洪、梅勒章京多洛里、德尔得赫、甲喇章京傅尔丹、牛录章京巴代、塔海、翁爱、塔里户里、博罗尼敦、雅萨昂邦、穆成格等共十八人，进入大清门，在殿前跪下听审。

太宗首先发问："你们是怎样纵放逃人的？那个地方离盛京（沈阳）约行几天？追到什么地方返回来的？"

扎喀纳先说："臣等昏聩已极，并未想到这些，罪应论死。"他自知事无可辩，请求处死。

太宗接着他的话，说："朕一向有定制，凡追逃人，第一先冲散同伙，使之各自分窜，我兵稍待，不必急于行动，等待逃人疲乏、睡卧，然后再行动，不必追远，一定能擒获。如未发现逃人，则分兵一半，跟踪追捕；一半抄道，堵在前面。你们诸王、贝勒听朕说过此话没有？"

诸王贝勒立即回奏："臣等已听说过多次。"

太宗痛责扎喀纳等人："你们不能穷追到底，也应追到锦州、大

凌河（辽宁锦县）、广宁（辽宁北镇）再回来。如不然，亦应选捷健的少壮兵士，执弓挟矢，伏于必经之路，你们应前往广宁一带山下等候逃人。如此，逃人必获无疑。可你们为何只在藩城跟前转悠，即从哲尔里克地方就返回？为什么不再派人截住而任其逃跑了呢？你们都明白，作为国君，得到敌国一人则喜，失掉国中一人则怒。当年，毛明安已逃走三个月，又有叶雷部落的酋长逃走了数月，都被捕获，或就地斩首，最多费时七个月，你们即使不追他们七八个月，但追七八天，这有何难？"

太宗转而点名穆成格，斥责说："朕所说追捕逃人的事，他人或许未必全知，你怎能不知道呢？朕用你为兵部启心郎，目的是让你开导贝勒岳托，所以才设这个职位。岳托不经奏闻，私自更换本族参政，而且，私下还表态：本族间散人应授予官职。吏部将此事向朕报告，朕曾召见你，当面揭示你部贝勒行事越轨，你怎么不开导他？如果你不说，岳托有罪的话，决不宽恕你！朕再三指授，可你何尝向朕回奏过一句话！你说，是不是？"

穆成格马上认错："陛下的确向臣说过多次，臣实未回奏过一句话。"

"朕再说你几件事。"太宗又说下去，"那年攻取旅顺口时，因阿三败逃，被处死；你旗布尔山，也败逃，却反诬告霸奇兰，企图夺他的先入城之功。后经审讯，才真相大白。你为何隐瞒布尔山罪状？所谓'启心郎'就像你这样吗？前不久，出猎时，有误伤人马的，曾被拘留在兵部。你令内大臣俄齐尔桑坐在炎热的阳光下，而和托、杜雷都在帐房居住，你这是出于什么动机？难道说俄齐尔桑所射的是狻猊奇兽，而杜雷、和托所射的是马匹吗？你不过是谄媚你部贝勒，所以才妄自区别对待。"

太宗说完，诸王贝勒纷纷表态："皇上的话说得很对。不惩处此人，无以警告众人。"

太宗又传甲喇章京傅尔丹进前，说："此人在朕面前欺慢无礼很多，非止一端。朕要使你们都听听他犯的罪过。以前，朕的马匹，都由大臣子弟与护军牧养。因傅尔丹的马搀入马群。牧马的人私下说过御厩的马如丢失，理应不惮劳去寻找，同辈人虽丢了马，就是不去寻找也没什么。朕知道了这件事，下令将傅尔丹的马归还给他。他骑上马，至朕的门前，向马抽了一鞭，气哼哼地说：'与其圈马，不如就圈我！'还有，额驸扬古利在太祖时，每临阵，必奋勇当先，你傅尔丹却当面污辱他说：'扬古利，你有什么地方比我强？'说着，竟扬起手臂相争。朕问你，你何尝拒一敌，受一处伤，竟敢与扬古利争功，究竟是为了什么？朕何尝打过你一鞭子，责备过你？朕如此恩养，诸贝勒大臣谁不知道！"

诸贝勒大臣一齐说："皇上责备得很对。他悖谬已甚，罪应处死。"

最后，太宗问诸贝勒大臣："以前，有的将官能追获逃去七八个月的逃人，像傅尔丹等人却纵放出境，两相比较，该如何处理呢？"

群臣同声回奏："皇上圣谕皆对。傅尔丹之罪，实在不能饶恕！"

太宗又说："金世宗被后世号为'小尧舜'。他曾说过：诸王内或有过错，我不隐匿而直言，对方以为我苛刻，如知而不言，默默容忍，那么他就会益加放肆、巧诈。今朕也是这样，见人之过而直言无隐，或以为朕严苛，知其过而不说，则非公正之道。从来是君明则臣勤劳而民安；君庸碌无能，则臣懒、逸乐而民危。朕岂不体谅臣工们的劳苦！但当今正是我君臣励精图治之日，你们诸王贝勒、贝子、大臣们若不各加勤勉，光靠朕一人宵衣旰食，又有何用？朕将安居独处一二个月，观察你们的行动，即使你们在大清门外恳求，朕也不听！"

和硕睿亲王多尔衮跪奏说："今当景运日隆之际，臣等不思效力，匡扶国家，以成大业，后悔何及！"

太宗对傅尔丹十八人的审问，最后变成对诸王贝勒大臣的批评。因为从这件案子中，反映出他们懒散、不尽职的风气，所以，太宗借这件事，对他们进行教育，制止不正之风的蔓延。

太宗走后，诸王大臣讨论对十八人的处理，很快将十八人分别定罪，或免公爵，或罚银，或鞭打，傅尔丹、穆成格判死刑。

处理的报告报到太宗，经审定，扎喀纳免夺公爵爵位，只罚银五百两，降镇国公为辅国公；杜尔祜罚银三百两，顾尔玛洪免予处分。以傅尔丹、穆成格情节严重，罪行大，维持原判，处以死刑，抄没其家，其家产各给其自家兄弟或父亲。其余人，都给予不同程度的处分。

皇太极通过对案件的审理，对贵族进行了合理地处理，严明了纪律，让自己的队伍明白纪律的严肃性，为良好的管理打下了基础。

所谓的纪律，包含着三重含义，首先纪律意味着约束，要通过外来的约束达到规范行为的目的，并且对行为的偏差加以纠正。其次，纪律意味着惩罚，对于触犯了纪律的行为，不合乎规范的行为，都要通过纪律对其进行惩罚，以达到惩戒的目的。最后是一种从自身内部自检自究的力量。良好的纪律形成，要通过一个漫长的过程，要从外部约束起步，直到形成一种内在的约束限制，将外部约束变成一种自身自觉的行为。

在我们的社会生活中，无论是学习、工作还是进行任何社会交往活动，都要有纪律的保证，只有严明的纪律约束行为、制定规则，才能够使社会活动有序进行，才能够达到理想的效果。每个人都要遵守纪律，并为自己违背纪律的行为承担责任。

纪律具体到某一个企业、某一个公司、某一个团队，为了保障发展，为了保障所有人的共同利益，为了保障在发展中有制度可循，就要制定一些条例、规章，以约束每一个成员的行为。纪律并不是对员工自由和权利的限制和剥夺，恰恰相反，纪律是对员工自由和权利的一种保证。只有在严明的纪律约束之下，才能保证每一位员工都能够获得自己的自由和权利，才能够保证所有人的自由和权力不被侵犯，才能够调动大家的积极性，进行创造性的工作。所以，纪律是对团队中每一个人的利益的维护。

　　严明的纪律能够激发团队的竞争力。只有纪律严明，做到功必赏、过必罚，才能调动团队成员的积极性，让团队成员都积极行动起来。法律对一个国家来说是必不可少的，纪律对一个组织团队来说也是不可或缺的。亚里士多德说：法律就是秩序，有良好的法律才有好的秩序。只有铁的纪律，革命才能取得成功；人在社会中有道德、纪律来约束，社会治安、组织才有秩序，国民素质才能得到提高。

　　我们个人日常的工作学习中，也要注意遵守纪律，并且还要将严明纪律内化为自己的一种内在的素养，时时处处接受纪律的约束。只有这样，才能得到别人的认可，才能不断发展自己，使自己能够在竞争中占取主动地位。

纪律面前，人人平等

　　纪律制定之后，就必须要遵守。最为重要的一点，是要做到纪律面

前，人人平等。只有所有人都平等地遵守纪律，平等地适用于纪律，违反纪律时，平等地接受纪律的处罚，才能够做到纪律面前人人平等。

皇太极绕路攻明，取得很大的战果，但他并不急于灭亡明朝，考虑到实力差距，遵循"留干伐枝"的策略。

皇太极率军东归后，崇祯令兵部尚书、大学士孙承宗总理军务，他重新组织力量，趁后金军在永平等城立足未稳，只用了十多天的时间，就把后金占领的四城收复了。

阿敏不是孙承宗的对手，他的旗兵也不善于守城，明朝的大军一到，他就拉开了逃跑的架势，令士兵大肆抢掠，最后发展到屠城。把四城糟蹋得到处是血腥，到处火光……

皇太极两年来处心积虑塑造的八旗军的形象，被阿敏毁于一旦。

阿敏一回到沈阳，皇太极就令代善去和阿敏谈话，要他认罪。

"没有得到大汗的允许，你怎么逃回来了呢？"代善问他。

"那四城不是满人待的地方！"阿敏说，"固守城市，咱们的骑兵根本用不上！"

"你应先派人回来向大汗请示呀！"

"向谁请示？向皇太极那小子吗？"阿敏的气不打一处来，"大哥，你觉察到了吗？皇太极是咱们三个人拥戴他当上大汗的，现在他却在咱们面前摆起谱儿来？他没想到我们可以把他拥上大位，也可以把他拉下来！……"

代善是个顾大局的人，见他这样不懂规矩，连忙截住他："二弟，咱们是兄弟，可也是君臣，你得听大汗吩咐，尊重他的威权！"

"我不听，臭小子！"

代善回到大汗宫，当然不会把阿敏的态度和他说的话原封不动地报告皇太极，只说："他还没有认识到有罪，只好再等一等……"

阿敏在家里越想越觉得受不了皇太极的"欺侮"，就赶到大汗宫，想对皇太极撒一撒闷气。

"皇太极！"他吼道，"你想把我怎样吧，说！"

代善劝阿敏冷静，可是阿敏却像发怒的狮子，怎么也不坐在椅子上。

皇太极望着阿敏那怒不可遏的样子，倒很能自制。

可是，一个残酷的计划在他心中形成了。

在努尔哈赤时代，四大贝勒中，阿敏一直就是桀骜不驯的。他始终忘不了一件事：他的父亲是被努尔哈赤杀害的。在他心中，敬仰的是自己的父亲舒尔哈齐而不是努尔哈赤。他没有翻天覆地的能力，却怀揣着满腔仇恨。努尔哈赤死后，他自知没有继位的资格，就想拥戴皇太极。因为在努尔哈赤想把舒尔哈齐一家斩草除根时，是皇太极跪在父亲面前为他求得了一条命……他拥戴皇太极，但并不服皇太极。

另外，他对兄弟，对士兵，对子侄都表现得心狠手辣。

皇太极已经感觉到这一点，早就想把他削爵或者置于死地。留着他是祸根，是后金安定的祸根，是满洲八旗的祸根……

现在是机会了。

"二哥，我不想把你怎样，可是，你到底想怎样呢？"皇太极问。

"我不想怎样，是你要对我问罪的！"

"你丢了永平四城，难道没罪吗？你撤退时大肆抢掠、屠城，难道没罪吗？回来时，你不好好地组织军队，一路上丢失了一万多士兵，难道没罪吗？"

阿敏被咽着了，他一下子脸红脖子粗了。"永平四城孤悬在后金之

外，你把我安排在那里，本就想要我死在那里的，我为什么要听你的！你知道打我的是谁？是孙承宗！皇太极，你也做过孙承宗的手下败将！至于抢掠、屠城，那是我们的传统，是你把咱们的传统丢掉了，所以咱们才吃不上饭、穿不上衣！说到走散了一万多人马，那更不是罪过，你带领八旗攻宁锦，一次就搭进去两万多！……"

代善看出了皇太极脸上的杀机，不住地向阿敏吼叫："阿敏，住口！你在对谁说话？你忘记规矩了？"

"我没忘，一点也没忘！"阿敏望着皇太极的眼睛，一字一顿，"皇太极，你给我听着，现在，我算把你认识清楚了，你是个善于阴谋诡计的小人。你利用大哥的一点小事，上蹿下跳，把他的太子位弄没了，后来，你又用察言观色的小伎俩，取得了先大汗的宠爱，可是先大汗看出了你的狼子野心，还是不放心你，临终前也不愿把汗位传给你，而属意于多尔衮，是我和莽古尔泰不甘心让那寸功未立的小子骑在头上，才帮你除掉阿巴亥拥戴了你……皇太极，现在倒好，你竟转过头来对我们磨刀霍霍了……"

代善已不想劝说他们两个了，因为在这些事儿上，他也有许多委屈要说。

"阿敏！"皇太极终于又开口了，"别的不说了，我只提醒你记起你的誓言，违背誓言要怎么样？"

"那吓不着谁，"阿敏发泄够了，竟大大咧咧地伸腿摊脚坐在了皇太极的对面，"那上面写着：兄弟们拥护你，你也得善待兄弟……"

"照你说，我不能治你的罪？"

"嘿，你能把我怎样？"

"你罪恶深重，按律当杀！"

"怎么，你要杀我？"阿敏又跳起来。

"你早就该杀了！"

"我看你小子不敢！"

"来人哪！"皇太极喊道，"给我把这个乱臣贼子抓起来！"

皇太极早就安排好的侍卫冲进来，一齐把阿敏攫住，用绳索把他捆了个结实，接着就拖走了。阿敏竟一声没吭，他是被皇太极"胆大妄为"惊住了。

代善在阿敏被拉走后说："把阿敏教训一下也好，他那个性子呀，是得整整了。"

皇太极一时还杀不了阿敏。因为家族中有权力的人都不会同意杀他。代善不同意，和阿敏意气相投的莽古尔泰更不会同意，另外还有别的兄弟们呢。杀了阿敏，就等于说皇太极可以对不中意的亲族开刀了，那他们是绝对无法接受的！

杀了阿敏会导致爱新觉罗家族的分崩离析，现在皇太极的地位还不稳固，他是不会做那样的傻事。

在处理这件事上，皇太极是有先例可循的，努尔哈赤创造了经验。那就是先把罪犯关起来，等待合适的时候再把他处死。他在对自己的亲弟舒尔哈齐、儿子褚英、大将阿敦等人，都采用了这种办法。最终，阿敏死在了囚禁中。

皇太极一直很注重自己队伍中的纪律建设，在继承了努尔哈赤的遗志之后，他就着力整顿自己的队伍，加强纪律建设。并且皇太极很注重纪律的平等性，纪律并不因为人的身份差别而有所不同。在对于阿敏的处罚上，皇太极正是本着纪律面前人人平等的原则，处罚了阿敏。

纪律不仅可以成就一个人，也可以成就一个团队。没有纪律的团

队，只是一群乌合之众，没有什么竞争力、战斗力可言。

在铁的纪律面前，没有人可以玩特殊。正是因为如此，我们才更应该提高自己的思想觉悟和政治觉悟，为推动团体的发展而奉献自己的力量。

在战场上，纪律是支撑部队战斗力的生命线，关系到部队每一个人的生死存亡。有法必依，令出必行，不仅是将帅的风范，也应是优秀管理者的必备素质。

1945年，日本战败后，松下公司面临极大的困境。为了渡过难关，松下幸之助要求全体员工振作精神，不迟到、不请假。

然而不久后的一天，松下幸之助本人却迟到了10分钟，原因是他的司机疏忽大意，晚接了他10分钟。

他认为必须严厉处理此事。首先他以不忠于职守为理由，给司机减薪处分。其直接主管、间接主管，也因监督不力受到处分，为此共处分了8个人。

松下幸之助认为对此事负最后责任的，是作为最高领导的社长——他自己。于是他对自己实行了最重的处罚，扣发全月的薪金。

仅仅迟到了10分钟，就处理这么多人，甚至包括松下幸之助自己。此事深刻地教育了松下公司的员工，在日本企业界也引起了很大的震动。

要让员工明白，处罚决定的做出，绝不是专门针对某个人的，而是对事而言。许多员工会以为，他们受到了处罚，他们的人格也受到了侮辱。领导者要通过交换思想让他们明白，所有的处罚都是为了团队的利益和发展，不是故意去伤损某人的感情。

作为领导者就要一碗水端平，不要针对不同的团队成员使用不同的制度，制度面前每个成员都一样要遵守和执行。

纪律需要监察

纪律制定之后，需要有执行，而对于纪律的贯彻落实是否到位，就需要进行监察管理。管理者不能忽视对纪律监察的作用，只有在管理的同时，设立一定的监察机构进行监察管理，才能够保证纪律真正落到实处。

皇太极要求严明的纪律，并总结出了一套行之有效的纪律落实的策略，这其中，就包括设立纪律的监察机构——都察院。

后金天命时期及天聪初期，尚未建立司法刑罚部门，国人发生相争诉讼或者其他刑案，多是由大汗及诸贝勒大臣共议解决，一些小的民事纠纷，就在八旗内部按旧有习惯法处理。

天聪五年（1631年）七月，皇太极正式设立六部，由刑部主管国中案件，但此时对宗室贵族、朝廷文武官员仍没有职能监督部门，对大臣、官员的违法稽查也处于空白状态。

天聪十年（1636年）五月，皇太极设置司法监察机关——都察院。作为谏净君主、弹劾诸王贝勒大臣、纠察六部官员的监察机构，其职责范围是参加议奏、会审案件、稽察衙门、监察考试等。

在中国历史上，都察院的设置始于明洪武十五年（1382年），其前身为御史台。都御史为都察院的长官，相当于汉、唐时期的御史大夫。清时都察院最高长官称为都察院承政，第一任都察院承政为汉人

张存仁。

据史料记载，御史这个官职是从秦朝开始设立的。战国时期曾经出现过"御史"这个名称，但是当时的御史其职责是记事。而秦以后御史主要负责纠察和监督。从秦到汉、隋、唐、宋、元、明、清，各朝都设立御史一职。

御史的职责是监察百官，而第一任都察院承政张存仁就相当于监察部部长。

在影视剧中和舞台上的御史们表现出的形象通常是敢于"摸老虎屁股"，在朝廷上敢于面对皇上表达自己的观点。而事实上，御史们大多数不会毫无顾忌地在皇上面前说三道四。他们在上书或者言事时，总会先顾忌到皇帝的立场，并考虑自身的利害关系。

当然，有少数御史也会甘愿冒着惹怒皇帝的危险，拼死谏言。"文死谏，武死战"说的就是这个意思。魏徵的《谏太宗十思疏》、韩愈《谏迎佛骨表》和林则徐《禁烟制夷疏》等是历史上赫赫有名的谏言。

"文死谏，武死战"所体现的是儒家"忠君"的道德规范。它要求"文臣"，即肩负"治国"重任的国家管理者们，在国政的处理上，必须大公无私，直言进谏；而不能见"君色"行事，顺水推舟，敷衍搪塞，误国误民。

司马迁在《史记·商君列传》中也有"貌言华也，至言实也，苦言药也，甘言疾也"之说。所谓"忠言逆耳"，如果君主没有宽广的胸怀，做臣子的即使作好了牺牲的准备，也是白白送死。

张存仁就十分明白这个道理。张存仁是辽阳人，大凌河一战后投降后金，被授予一等副将之职。他在被任命为都察院承政后，诚惶诚恐，向皇太极上书："昨天皇上下令以为臣张存仁担任都察院的最高长官，臣心中喜忧参半。一方面高兴的是臣竟然如此深得皇上的信任，得以担任如此重要职务，从而能够为国尽忠效力。如果皇上虚怀若谷，采纳为臣的建议，那臣一定能够建功立业，名垂青史；另一方面，臣也不免忧心忡忡，因为臣在接受皇上这一任命后，朝中尚逢迎而臣耿直，朝中大臣见不平事置若罔闻，对是非唯恐避之不及，臣如果低眉媚世以保全自己，不仅违背自己的良心，而且会辜负皇上的知遇之恩。"

张存仁的话含有两层意思：一是表达忠心，二是表达自己会不避艰险、恪守职守的同时，也希望皇太极能够始终保持对都察院官员的信任，不为谣言所动。

皇太极对张存仁的想法心知肚明，一再宣谕：凡是政事制定方面的错误，或是朕误杀功臣、耽于游猎不理朝政、听信谗言疏远忠臣，对于百官的赏罚不当，都察院的官员都可以直接向朕指出，不必隐瞒。诸贝勒、大臣骄奢淫逸，对公务有怠慢之心，贪财好物，都察院官员也应查明奏报。

农历六月十三，为了加强对都察院的控制，皇太极又任命国舅阿什达尔汉为都察院承政。在最高长官都察院承政之外，皇太极又陆续设立了参政、理事等官职。

两位都察院参政上任一个月左右，便联合参奏了皇太极御前护驾官员（皇帝的贴身保镖）。

这一天，皇太极准备外出，而贴身侍卫却未能及时跟随在皇太极的身边。等到贴身侍卫匆忙赶来时，阿什达尔汉和张存仁当着皇太极的面儿，怒斥贴身侍卫说："你们是护驾之人，怎么可以擅离职守而比皇帝来得晚呢？"话音未落，便命人将侍卫逐出皇宫大门——大清门之外，

第七章 皇太极对你说纪津

扭送刑部议罪。

都察院两位新官上任，先拿皇太极的御前贴身侍卫开刀，这无疑是一个警示：诸王、贝勒、大臣们，都要独善其身，好自为之了。

都察院的官员们，下一个刀锋所指是六部的官员。

他们先是参奏刑部官员郎位贪赃枉法，随后弹劾吏部承政李延庚行为不端，接着检举工部在建造房屋安顿前来归附的人口时，玩忽职守、以权谋私。

皇太极在为都察院官员的恪尽职守感到欣慰的同时，也不禁感到隐隐的担心：都察院诸人过于锋芒毕露，长此以往，他们会被其他衙门的官员所排斥，甚至被孤立或抛弃。皇太极当然不愿意看到自己苦心建立起来的都察院夭折，可是有些话又不好对两位承政说得过于明白，于是他开始有意引导都察院诸官员的注意力，让都察院官员与其他衙门官员共同处理一些政事，而暂时不再将全部精力放在对其他部门及官员的参劾与检举上面。

清崇德三年（1638年）新年伊始，张存仁等人就给皇太极出了一个大难题。

张存仁、祖可法等人上疏弹劾户部承政韩大勋监守自盗，盗用金库财物，恣意荒淫，纵情声色，行为不检。这让皇太极感到颇为头疼。

韩大勋是大凌河城归降官员中的重要一员，一向深得皇太极的信任，今被其家人举报贪污，证据确凿，论罪当死。可处死韩大勋，皇太极感情上舍得舍不得还不是主要问题，怕的是若引起归降诸人"人人自危"的话，事态就严重了。皇太极本想将此事大事化小，小事化了，偏偏都察院诸人不依不饶，揪住不放，一再上书，请求将韩大勋正法，以儆效尤。

被逼无奈之下，皇太极命免去韩大勋的死罪，革职了事。

韩大勋事件让皇太极动了整饬都察院的心思：设置都察院的初衷是为了监督和控制诸王、贝勒、大臣等人，但从现在的情形看，都察院官员们却不能洞察皇上的心思，与皇帝配合得不仅不够默契，反而有添乱的嫌疑。

可是从哪里入手整饬呢？

清崇德七年（1642年）农历七月，礼部承政祝世昌上书陈奏，建议禁止将汉人妇女卖给乐户为娼的做法。皇太极勃然大怒，因为自己已经颁布诏令禁止乐户的存在，而祝世昌明知这些，却偏又上了如此一道奏书，这不是包庇汉人，并借此邀取个人声誉是什么？由此联想，皇太极坚信祝世昌是身在曹营心在汉，是"身在我国，心犹向明"。既然如此，又怎能不严惩祝世昌呢？皇太极命令固山额真、石廷柱、马光远与诸汉官集议此事。诸人十分清楚皇太极的用意，因此决定从重量刑，将祝世昌、其弟祝世荫以及曾经为祝世昌修改奏稿的启心郎孙应时等皆定为死罪。

最终，因为此案牵涉人员众多，皇太极命令将孙应时处死，而将祝世昌兄弟发配至边外服役。

据《清史稿》记载：祝世昌是辽阳人，早在天命六年（1621年），在努尔哈赤攻克辽阳之时即率三百余人归降，从而深得努尔哈赤的信赖。在国家军政大事方面，祝世昌往往有超越常人的见识。皇太极对祝世昌也颇为信赖，屡次提拔，最终升至礼部承政，并授予世职参领的官衔。祝世昌没有想到一纸不合时宜的奏书，却惹来杀身之祸。

都察院官员张存仁、祖可法等人也同时遭到皇太极的申斥：你们如果真的能够做到为国尽忠，那么凡有所见所闻就应当立即秉公奏报，可

第七章 皇太极对你说纪津

243

是你们身为监察人员，在听到祝世昌的狂谬言论后，竟然没有一个人前来奏报，这难道不是你们作为都察院官员的一个重大过失吗？

祝世昌因上书不当而遭遇的悲惨处境，令张存仁、祖可法等人心惊胆战。祝世昌上书固然有其不当之处，但仅仅因为一次言事的失误即将其兄弟发配边外，且将与此案有关的启心郎孙应时诛杀，则未免让人胆寒。

同月，皇太极接受范文程、希福等人的建议，命令主管吏部事务的多尔衮对所有衙门进行改革，这其中包括调整都察部官员：国舅阿什达尔汉成为都察院最高长官，张存仁下降为他的副手。这样，皇太极不仅加强了对都察院的控制，对都察院诸官员也是一次警告。

经过这次挫折，都察院诸人逐渐明白了皇太极的用意：行使监督百官、参劾不法官员的职责是分内的事，但是要有大局观念，要在皇太极的通盘运作下，正确行使手中的权力。

皇太极设立都察院的目的，就是监察百官，对于他们违反纪律的行为加以督查，以保证纪律的实施。并且皇太极并没有放松对都察院的管理，这就起到了对纪律监察机关的监察作用。这就是皇太极的高明之处：实行纪律的同时，不忘对纪律的贯彻情况加以督查，以保证纪律能够落到实处。

任何团队的行动，都需要纪律进行约束，以保证行动中所有人都能够规范有序地进行行动。但是值得注意的是，纪律本身作为一种约束性的制度，其本身在贯彻落实的时候，也需要进行约束。因为纪律作为约束性的制度，对于人的一些本性存在着一种压抑，这种压抑必然会导致本性的反抗，所以对于纪律的落实就会受到阻碍。这就需要在纪律的贯彻落实中进行监察。

在纪律的落实过程中，执行纪律的主体是人，人本身具有主观性，这就很难保证在纪律中执行中不会出现偏差。像以权谋私，因私废公的现象，历史上有很多。因此只有设立监察机构，监察纪律的施行，才能够保证做到纪律面前人人平等，才能够保证纪律落实中较少地出现偏差。

在皇权时代，因为管理体系的庞大，能够设定专门的监察机构对权力进行监察，而在我们当今时代的团队中，很少设立一定的专门机构进行监察，这就要求领导者能够发挥自己的智慧，形成有效的监察体系，对纪律的落实进行监察，以保证纪律的严明性。

领导要以身作则

在我们的管理行为中，通常都会以纪律严明来形容一个团队的管理有序而严谨。要达到纪律严明的效果，最重要的一点就是身为纪律制定和执行者的领导，要带头遵守自己制定的纪律，只有领导以身作则，才能保证纪律有效地贯彻落实。

皇太极作为领导，对于自己所制定的纪律，一向以身作则，带头遵守。太宗以法治国，在继位后的几年里，不断制定各方面的法规，并坚持执行。有些规定是他亲自制定的，例如："凡诸贝勒审判案件，枉断人死罪者，罚银六百两；枉断人杖赎等罪，以及不奉谕旨、私遣人与外国贸易，或怠忽职责，或擅自劫取民间财物马匹，或将本旗女子不经报部批准而以低价收纳在家者，都罚二百两。"他还给诸王贝勒包括他自

己在内制定法规，其中一条是，诸王贝勒出门按规定要排列仪仗，违者罚羊。太宗以法令来监督诸王贝勒群臣的言行，使他们都处于法律与皇权的严格控制之下。

作为一个封建帝王，很难做到言行一致，也很难做到有法必依，对自己对贵戚对心腹之臣，也无法实行事事依法。只能说那些明君做得稍好些，而昏君、暴君、庸君任意胡为，什么法律都不能约束他，更不用说监督了。不过，太宗还是属于较好的一个，他制法、执法都比较严格，自己遵守也较自觉，事涉及到自身，也有勇气承担违法的责任。

太宗在改国号大清以前，曾设文馆机构，在临改国号的前夕，将文馆一分为三，统称内三院。其中，内国史院，负责记录起居、撰拟诏令、纂修实录等。关于皇帝每天起居、军政活动，也就是一天中所言所行，都由这一机构负责记录下来。按规定，皇帝本人是不允许阅看的，直到去世，都不得过目；生前，对专门负责记录的官员也无权进行干预。有一天，太宗到内国史院检查工作，看到一些官员正在记述和整理皇帝起居录，他怕引起官员顾虑，忙说："你们做你们的事，朕是不能看的，这是规定，朕自当执行。"一席话，使这些官员放下心来，刚开始的顾虑也消除了。

太宗对自己要求严格，率先执行法令，如果自身违犯，便自请受罚。

天聪五年（1631年）二月，太宗制定仪仗制，自他以下，诸王贝勒出门都按规定排列仪仗队。太宗的意图，给他规定不同等级的仪仗队，是为了别贵贱，分尊卑，立等级，树权威，以建立井然有序的封建统治秩序。所以，太宗很重视仪仗队，虽然讲排场，但政治目的却是十分重要的。如果不照此规定，就等于自乱秩序，混淆等级。

有一天，太宗去看他的几个儿子时，由于心急而未排列仪仗队。

立即被礼部启心郎祁充格发现，就以违例罚羊的规定通知巴克什（汉语"文书"）达海，他马上向太宗报告。太宗二话没说，当即认错认罚，把羊如数交给了礼部，并说："朕不将此指示告知礼部贝勒，实在是朕的过错。朕如果废法，谁还能奉守法令？此羊你都可以收下。"

太宗以身作则，各项法令也就得到贯彻落实。

作为领导，在制定纪律的同时，一定要做到以身作则。只有领导身先士卒，率先垂范，才会唤起下属的崇敬感，继而以领导为榜样，共同遵守纪律。

皇太极的谥宝

现在大多数人都不喜欢被纪律约束，如果管理者的行为引起下属的疑虑，会引起他们的反感。因此，身为管理者，必须真正地以身作则，让下属认识到，纪律是必须要实行的，才能让下属信服。

在竞争愈来愈激烈的今天，想要获得发展，就一定要用纪律做保障。当面对纪律的时候，领导必须能够身先士卒，带头遵守。这样坚定沉着的精神就会传达给部下，让大家都能够积极地遵守纪律。

身为管理者，不仅要在言辞上让人人心服口服，更重要的是自己要以身作则、严于律己。因为自己的一言一行、一举一动都在大众目光的监视之下。将自己的行动付诸于事业上，才能有效地感动他人。

三国时期的曹操就是一个纪律严明的领袖，他带头遵守纪律，有一次出征，正值麦田返青时节。曹操下令，军队行军要秋毫不犯，如果有践踏青苗者，斩首示众，以示军威。在行军过程中，一只野鸡从田地

里突然飞出，惊了曹操的马，马车一路飞驰，进入了路边的麦田。曹操看到被践踏的青苗，为了表明自己的纪律严明，竟然决定要执法官砍下自己的脑袋。经过众人苦苦劝说，最终决定削下自己的头发，代替斩首之刑。曹操正是凭借这种以身作则的态度，将自己的大军治理得井井有条，在不断征伐的过程中，取得了辉煌的战绩。

孔子曰："其身正，不令而行；其身不正，虽令不从。"由于某些管理者，特别是高级管理者自身不正，不能以身作则，导致有些地方或单位出现"有令不行，有禁不止"的现象，"己身不正，焉能正人？"要"身正"，必须严于律己，加强自身的思想道德修养。

作为企业的领导者，不能自律，就无法以德服人、以力御人，如果无法取得员工的信赖和认可，将必败无疑。优秀的领导必须懂得，要求下属员工做到的事，自己必须首先做到。